L'ESPRIT

DU TEMPS

DU MÊME AUTEUR

LA FRANCE ET LES FRANÇAIS

DEVANT L'EUROPE, in-18

DIJON, IMP. DARANTIERE, RUE CHABOT-CHARNY.

L'ESPRIT DU TEMPS

PAR

EDOUARD BOURGOGNE

AVOCAT A LA COUR DE DIJON

PARIS

E. DENTU, PALAIS-ROYAL

—

1878

PRÉFACE

En publiant ce livre, je n'ai nullement la prétention d'offrir au lecteur une étude complète et approfondie des tendances et des besoins de notre époque. Ce n'est point une œuvre de haute philosophie que ce petit volume ; ce sont de simples réflexions, de simples appréciations personnelles que j'ai toute raison de croire fondées, et qu'à ce titre je livre au jugement du public.

J'indique succinctement quelques-unes des causes qui ont dû contribuer à amener l'esprit public au point où il en est chez nous ; et je crois que les causes étant bien indiscutables, il est sage de ne pas chercher toujours à nier les effets ou à en empêcher la réalisation. Je ne crois point pouvoir être taxé d'optimisme ; je ne puis voir tout en beau, quelque désir que j'en aie ; mais je ne puis non plus voir mon pays aussi bas que quelques-uns semblent le dire.

Je conçois les patriotiques angoisses de ceux qui rêvent une France croyante et unie, qui redoutent pour

1

leur patrie de cruels déchirements et un abaissement qui en serait la conséquence aussi logique que fatale.

Dans la période troublée que nous traversons, on peut à chaque moment craindre de funestes événements. Les partis sont ardents à la lutte ; leurs forces se neutralisant les unes les autres, la solution se fait attendre plus longtemps.

Les passions politiques sont déchaînées. Il y a péril national, je le veux bien ; mais ce n'est point une raison pour décourager, par esprit de parti la plupart du temps, ceux qui ne sont soutenus que par l'espoir de voir bientôt finir nos tribulations.

Il est fort naturel de chercher à ramener ses concitoyens dans la voie de la raison dont ils se sont écartés. Qu'en leur rappelant leurs devoirs, on exagère même un peu les dangers de la situation, je l'admets sans peine ; mais vouloir juger de notre époque par ce qui se passe depuis quelques années, c'est vouloir juger le tempérament d'un homme d'après une maladie accidentelle qui le tient sur son lit.

Il y a aujourd'hui, parmi nous, exaltation chez les uns, indifférence chez les autres. Je m'élevais naguère contre ces deux maux, et je constatais la tendance égoïste, plus fâcheuse dans les circonstances actuelles qu'à tout autre moment, plus visible et plus cou-

pable (1). *J'écrivais, parlant de l'indifférence :* « *Si*
« *la prédominance de l'esprit de parti est un sérieux*
« *malheur et peut faire oublier les vrais intérêts du*
« *pays, l'indifférence dont grand nombre d'entre vous*
« *font aujourd'hui étalage, l'affectation qu'ils met-*
« *tent à se désintéresser de tout ce qui touche aux*
« *affaires publiques est un triste symptôme annonçant*
« *le remplacement des agitations politiques par une*
« *tendance égoïste plus accentuée que jamais. Ad-*
« *vienne de la France ce que pourra, pourvu que*
« *chacun individuellement jouisse de la position qu'il*
« *s'est créée par son travail, ou de la situation que*
« *sa naissance lui a faite dans la société.* »

En écrivant ces lignes, je crois n'avoir rien exagéré.
Il y a lassitude chez une partie de la population qui
a toujours fui la politique militante et qui ne com-
prend que celle qui se fait au coin du feu.

Mais si je m'élève contre les travers de notre société,
si je lui dis qu'il y a là une source de déboire pour
l'avenir, je ne lui dis pas qu'elle va périr, que sa ma-
ladie est sans remède et qu'un miracle seul peut la tirer
de l'abîme.

---

(1) *La France et les Français devant l'Europe.* Laplaiche,
éditeur. Dijon, 1877, broch. anon.

Car le mal d'aujourd'hui est un mal chronique dont la France a jadis ressenti les atteintes, et, grâce à Dieu, elle est encore debout et forte, quoiqu'affaiblie.

Elle a eu à subir de terribles assauts, une invasion ruineuse aggravée par une révolution en face de l'ennemi. Puis quand on croyait pouvoir déjà penser à réparer ses désastres, les incendiaires de la Commune vinrent augmenter les malheurs nationaux et joindre à leurs ravages une honte cruelle pour le pays français.

Après de telles secousses, l'esprit public se trouve gravement atteint; et il n'y a rien de fort surprenant à ce que la société n'ait pas repris son assiette depuis les événements de 1870-71.

Les trop nombreuses guerres civiles qui jadis ont désolé la France nous prouvent que le pays ne revenait pas à son état normal aussitôt après qu'elles étaient apaisées. Il y avait des blessures à panser, des haines à éteindre, des réformes à introduire. La besogne était rude, alors qu'il n'y avait pas à discuter la forme de gouvernement, à la choisir comme aujourd'hui, que le pays n'était pas divisé sur des questions de principe. Actuellement, que les haines sont encore toutes vivaces et prêtes à se montrer, l'on peut juger s'il est aisé de ramener la conscience publique à une quiétude qu'elle désire sans pouvoir la retrouver.

Une situation de ce genre ne doit pas exercer une bonne influence. On est égaré, on cherche sa voie ; on repousse, par défiance, toute direction, tout en s'avouant à soi-même qu'on en aurait le plus grand besoin. On sent s'affaiblir chez soi le respect que l'on avait pour les principes d'ordre et d'autorité, les ayant vus représentés par des indignes.

La moralité se ressent, elle aussi, de tels ébranlements. La criminalité augmente même parfois dans de grandes proportions. Les théories politiques et sociales surexcitent les esprits, et le moindre choc amène des violences que des divergences d'opinions suffisent à expliquer et même à excuser aux yeux du plus grand nombre.

Le pauvre envie le riche d'autant plus âprement qu'une émeute récente lui a permis d'espérer qu'il allait jouir enfin d'un bien-être qui est toute sa convoitise.

Une époque comme celle que nous traversons n'est point féconde en grandes actions ; on y rencontre plus de mal que de bien, plus de vices que de vertus. C'est un état fâcheux, que l'on doit déplorer, sans toutefois s'en alarmer outre mesure, parce qu'il est accidentel et ne saurait avoir une très longue durée.

Ou la forme républicaine finira par s'implanter dé-

finitivement, sans la gêne d'une constitution révisable, ce que je crois peu probable, ou l'un des partis monarchiques, l'empire, par exemple, qui est le plus fort et le plus en rapport avec les idées modernes, viendra terminer la crise et ramener du même coup le calme dans les esprits.

Pour atteindre ce résultat plus aisément, il faudrait que chacun prît bravement et honnêtement son parti, qu'il se prononçât pour la forme qui lui semble répondre le mieux à ses aspirations.

C'est là l'unique moyen d'éviter ces complications que la force seule serait en état de dénouer.

Mais je crains que la nation persiste dans sa façon d'agir. Il y a de la lâcheté dans la manière dont beaucoup expriment leurs opinions; il y a par conséquent absence de franchise et difficulté de plus à s'entendre.

Chacun craint de se trop compromettre et laisse à son voisin le péril de demander des changements, soit dans le sens du passé, soit dans le sens du progrès.

Il y a bien des minorités ardentes qui, dans un sens comme dans l'autre, soit par conviction, soit par intérêt, proclament bien haut ce qu'elles veulent. Mais l'exagération même de leurs prétentions les rend inacceptables et contribue à prolonger le malentendu.

Elles jettent le pays de réactions en réactions, en-

couragées qu'elles sont à la lutte par l'opinion publique approuvant tantôt l'une et tantôt l'autre.

Il ressort assurément d'une telle attitude que la nation n'a point de préférences absolument tranchées et raisonnées, puisqu'elle est à la remorque de ceux qui s'offrent à la guider, et qu'au lieu d'imposer en réalité sa façon de voir, elle subit celle qui lui est présentée avec le plus d'habileté.

Beaucoup de gens qui approuveraient certaines idées de réforme n'osent le dire tout haut dans la crainte de se faire mal voir des membres de leur monde rebelle aux changements.

Ne soutenant pas ce qui est et n'osant pas l'attaquer, ils exposent le pays à de graves mécomptes ; grâce à eux et à l'impatience de leurs adversaires, il arrivera ce qui déjà s'est produit, c'est qu'à un moment donné le présent croulera sans qu'on ait de quoi le remplacer.

Il faut dire aussi que les esprits routiniers sont en France au moins aussi nombreux que les esprits chimériques. On n'est pas dans la voie du progrès si on ne propose pas de tout renverser ; on est téméraire et faible si, homme de gouvernement, on accepte quelques changements qui ont toujours le tort de déplaire à ceux qui vous ont porté au pouvoir.

Et la cause d'un tel état de choses est dans cette situation particulière faite à presque tous nos gouvernements depuis 1789, qu'ils ne sont en quelque sorte que les représentants des plus exagérés d'un parti.

Il n'y a pas encore chez nous une sérieuse majorité de gouvernement. On peut espérer que l'avenir nous en donnera une, éclairée, modérée et stable.

Car, incontestablement, il y a eu des progrès accomplis, et le pays acquiert, malgré toutes les fluctuations dont il donne la preuve, un certain discernement en matière politique qu'il n'avait pas il y a quelque soixante ans.

Mais, de là à le juger mûr pour la liberté sans contrôle, il y a un abîme; il va progressant chaque jour, mais il va lentement.

Les chimères d'aujourd'hui sont encore loin d'être des réalités. Ceux qui s'efforcent d'en promettre la réalisation au peuple sont bien coupables. Ils ne disent pas ce qu'ils pensent être vrai, mais ce qu'ils pensent leur devoir être profitable.

L'hypocrisie politique existe au moment où j'écris, en pleine démocratie, autant que sous les gouvernements monarchiques; au lieu de flatter le souverain, on flatte la multitude en applaudissant à ses plus honteuses passions. Flatterie plus vile encore et plus funeste que celle qui s'adresse au monarque!

Mais quels que soient les vices d'une démocratie en général et de la démocratie française en particulier, il serait oiseux de récriminer sur l'état social actuel.

Tel qu'il est, avec ses défauts et ses avantages, il faut l'accepter et porter tous ses efforts à paralyser, par des institutions conformes à l'esprit et aux mœurs du temps, les inconvénients pouvant exister.

La forme de gouvernement qui, selon moi, peut le mieux assurer le repos du pays est l'impérialisme. Je l'ai dit un peu plus haut, l'empire est la forme monarchique la plus en rapport avec les besoins actuels.

Mon but, en écrivant ce livre, a été de montrer quel est l'état des esprits et de prouver qu'à côté du mal il y a du bien, qu'un gouvernement autoritaire peut seul développer dans un pays trop mobile pour se guider lui-même.

Voyant le présent sans parti pris, jetant un regard sur les crises dont la France est sortie heureusement après de cruelles angoisses, je ne puis m'empêcher d'avoir foi en l'avenir.

Des concessions me semblent nécessaires de la part des conservateurs comme des progressistes; c'est sur le

1.

terrain de l'entente commune qu'ils peuvent élever un édifice solide et durable.

Que cette entente puisse se faire sans une énergique impulsion en ce sens, c'est ce que je ne crois pas possible; et c'est pour cela que je regarde un pouvoir exécutif fortement armé contre les fluctuations sans consistance de l'opinion publique, comme nécessaire et favorable au développement des idées du jour, dans ce qu'elles ont d'acceptable.

Un gouvernement peut être autoritaire et nullement opposé au progrès gradué et en conformité avec les sentiments de la majorité.

Digue opposée aux empiétements révolutionnaires, l'empire serait seul assez fort pour entraîner les partisans du passé et retenir les exagérations des progressistes aveugles.

Il ne chercherait nullement à écraser le parti libéral, à moins que l'on ne mette au nombre des libéraux ceux qui regardent comme un droit la faculté d'injurier l'autorité et ses représentants.

Ceux qui confondent la liberté avec la licence ne sont pas des libéraux, mais des factieux. On sait ce qu'ils peuvent faire : les traces de leur œuvre ne s'effaceront pas.

Ce sont généralement les hommes de cette espèce qui

pensent que c'est abaisser le citoyen que lui imposer le respect de quelques règles sociales, et qui accusent la doctrine impérialiste de conduire à l'abâtardissement de la France.

Ce sont là des calomnies intéressées qui tombent d'elles-mêmes devant la saine appréciation des faits.

Si, en matière politique comme en beaucoup d'au. tres, on consultait un peu plus sa raison et un peu moins sa passion, on verrait clairement que, dans les désastres qui atteignent un pays, il y a des responsa- bilités pesant sur tous. Si ceux qui se disent éclairés voulaient descendre jusqu'à étudier et comprendre les besoins de leur temps, bien des écueils seraient évités.

Mais, loin d'en être à ce point de bon sens, ils savent mauvais gré à ceux qui proclament la nécessité de ré- formes sérieuses. Ils les repoussent loin d'eux et s'en font des adversaires.

Qu'ils refusent de se prêter aux exigences des am- bitieux et de leur faire un marchepied, rien de plus naturel ni de plus sensé. Mais qu'ils confondent les promoteurs d'une idée avec l'idée elle-même, c'est là qu'est le mal, c'est là qu'est l'erreur.

Les idées et les appréciations que je puis émettre dans mon livre n'auront sûrement pas le bonheur de plaire à tout le monde. Bien probablement elles ne sa-

tisferont qu'à demi les uns sans mécontenter entièrement les autres.

Écrit sans esprit de parti, sans intention de plaire
ni de flatter les opinions des uns en rejetant tout ce
qui est raisonnable dans celles des autres, il ne saurait
être du goût des extrêmes d'aucune nuance.

Je reconnais que certaines idées auxquelles je suis
attaché au fond sont repoussées par la majorité; et,
croyant que le mouvement dessiné dans ce sens ne fera
que s'accentuer, je regarde comme une folie de vouloir
tenter de l'arrêter.

Car, si la politique de résistance est, dans des circonstances particulières, nécessaire et utile, elle ne
peut s'exercer bien longtemps sans amener des con-
vulsions sociales. Je sais bien qu'il y a là de quoi me
faire passer pour un révolutionnaire quand même.

Mais, au risque de déplaire à tous, je dis ce que je
pense sans réticences comme sans hésitation.

Je regrette que l'esprit public se soit engagé dans
une hostilité pénible à l'égard des ministres de la religion catholique ; je regrette que la foi religieuse, qui
est une des plus grandes forces d'un pays, se trouve
ébranlée aujourd'hui dans les diverses classes de la
société. Mais les regrets que j'éprouve ne me font pas
désespérer de mes concitoyens. J'estime qu'il y a place

encore chez eux pour quelques sentiments d'honneur et
de patriotisme, et qu'ils n'ont pas renié Dieu.

Je déplore amèrement la révolte contre le principe
d'autorité; seulement je m'imagine qu'il est plus sage
de chercher à le raffermir que de se consumer en
d'inutiles doléances.

Mais les regrets adressés au passé sont bien portés
aujourd'hui, et c'est une puérilité reçue que s'effrayer
sans raison du moindre changement apporté à l'organisation de l'État.

J'aurais mauvaise grâce à critiquer ceux qui éprouvent quelque douleur à se séparer d'un ordre de choses
qui leur semblait bon et sans défaut, puisque, moi aussi,
je ne trouve pas que l'avenir puisse être assez parfait
pour exciter l'enthousiasme, puisque je déplore l'affaiblissement de certaines qualités qui dominaient l'esprit
public autrefois, ne sachant encore comment on pourra
y suppléer.

Mais j'ai foi en la raison de l'homme, qui lui fait
trouver sa voie, et je suis convaincu qu'on saura, dans
un temps plus ou moins proche, reconnaître qu'on a fait
fausse route sur certains points et reprendre, sans
pour cela retourner en arrière, certaines idées qui
dans un moment d'égarement avaient paru mériter
l'oubli.

Quelques modifications seront sans doute apportées par la force de la réalité aux moyens employés jusqu'alors pour donner de la force à ces idées, que fortifiera le souffle novateur auquel elles ne feront plus obstacle.

L'espoir que je formule sera loin d'être goûté des esprits qui tiennent à faire table rase de ce qui est, pour y substituer un quelque chose qui n'est pas encore trouvé.

Notre société, avec son mélange d'ancien et de nouveau, n'est point arrivée certainement à son assiette définitive; mais c'est un mauvais procédé, il me semble, pour atteindre ce résultat, que chercher à miner d'un seul coup ses bases fondamentales, sous prétexte qu'elles sont en opposition avec les besoins modernes.

On arriverait ainsi à un effondrement certain de l'ordre social, à une confusion de laquelle il serait bien plus malaisé et bien plus long de sortir qu'il ne peut être pénible d'allier sagement les débris du passé avec les aspirations de l'avenir.

Certainement la situation résultant d'un tel état des idées n'est point et ne saurait être excellente; mais chaque jour le progrès marchant dans le sens novateur, une époque viendra certainement où le travail de transformation sera accompli dans la mesure de ce qui est possible. Certaines utopies seront, alors comme aujourd'hui, des utopies, mais peut-être trouveront-elles moins de crédit. Ce que je souhaite.

Car, conçues bien plus par l'imagination que par la raison, elles sont plus séduisantes que les projets réalisables dans lesquels tout ne saurait être absolument du goût de ceux-là même qui les ont mis au jour.

L'utopie, avec ses apparences de générosité et de perfection, entraîne la foule, l'exalte, la trompe sur ses vrais intérêts et sur les désirs qu'elle peut formuler avec quelque chance de les réaliser.

L'utopiste, même le plus honnête homme, est dangereux, et la propagation de ses idées nuit bien plus qu'elle ne sert à l'amélioration de l'état social.

Ce qui est utopie aujourd'hui peut fort bien être une réalité demain, c'est incontestable. Mais c'est que certains esprits voient l'utopie dans tout ce qui n'est qu'un changement.

Ce sont les routiniers, dont je parlais quelques lignes plus haut, et qui ne sont pas rares dans le beau pays de France.

Ce sont des utopistes d'une nature particulière qui ne croient pas à la possibilité de faire mieux que ce qu'ont fait leurs pères, et qui se croient toujours, à *des époques différentes, dans le même milieu agité par les mêmes désirs.*

Ils pensent qu'une concession en attire une autre et que les exigences naissent selon qu'on y obéit plus ou moins. Ce n'est pas qu'ils soient entièrement dans le faux. Mais ils ne voient qu'un côté de la question, en croyant qu'un peuple peut vivre indéfiniment dans un statu quo quelconque.

Ils oublient que ne rien céder conduit à la destruction violente de ce qu'on a voulu conserver intact, au renversement d'un seul coup de ce qu'ils auraient, à la vérité, vu leur échapper morceau par morceau.

En faisant toutes les concessions indispensables, leurs habitudes et leurs intérêts pouvaient se trouver quelque peu froissés. Mais, opérant eux-mêmes les changements, ils se trouvaient par là à la tête du mouvement, ils en profitaient; au lieu que le laissant faire en dehors d'eux et contre eux, ils sont écartés pour longtemps et voient disparaître avec les institutions et les idées auxquelles ils tenaient, toute leur influence et les avantages en découlant pour eux.

C'est une bien vieille histoire que celle des révolutions sociales; elle n'a pas changé. Les causes de ces luttes sont toujours les mêmes au fond et seront toujours les mêmes, quels que soient les temps et les lieux : *résistance exagérée d'une part, impatience immodérée d'autre part, antagonisme souvent plus factice que réel des intérêts, rien n'a été innové sur ce point.*

La secousse de 1789 pèse encore sur notre état politique, et par là il est aisé de voir s'il suffit de rompre avec le passé pour fonder, du jour au lendemain, un avenir édifié sur des bases nouvelles.

On ne détruit pas d'un seul coup l'esprit d'une longue époque, et on le retrouve ennemi du présent quand le premier moment de confusion est passé.

L'habitude d'un régime politique ne se perd pas rapidement s'il repose sur des principes solides, et si l'on n'a pour le remplacer que des expédients.

Qu'on donne à la nation des libertés plus grandes, elle s'en trouve comme embarrassée; et, ne sachant pas en jouir avec modération, elle finit par les prendre en dégoût et par les considérer plus comme une charge que comme un avantage capable d'enflammer pour la situation nouvelle.

Grâce à Dieu, la France n'en est plus là aujourd'hui. Il y a bien encore nombre de gens que leurs droits civiques fatiguent plus qu'ils ne les flattent; mais qu'on veuille les leur retirer, ils s'y diront attachés.

La nation presque tout entière tient à ses droits, à

ses prérogatives, a faire écouter sa voix de ses gouvernants. Mais, pour avoir préjugé de ses forces, il
lui faut reconnaître qu'elle se trompe souvent de route
et qu'une direction lui est encore nécessaire.

Aussi sent-on dans l'opinion publique un désir très
vif, grandissant chaque jour, d'être dirigée dans le
sens qu'elle adopte et dans lequel elle ne peut marcher
seule.

Elle veut un chef, non pas qui la mène selon son bon
plaisir, mais qui la guide en lui montrant l'opportunité ou l'inopportunité de tel ou tel projet, qui la garde
des extrêmes et des exaltés, qui joue enfin le grand
rôle de modérateur; qui soit suffisamment armé pour
faire respecter sa personne et son autorité en même
temps que les institutions ratifiées par le suffrage national.

Alors le pays sera fort, alors les craintes se dissipe-
ront, et des réformes pourront se faire à la satisfaction
générale. Sûrs que le pouvoir ne laissera pas leurs
antagonistes aller trop loin, les amis de l'immobilité
se résigneront plus aisément à faire quelques pas en
avant.

C'est mon vœu le plus ardent de voir la nation arrivée à ce point de sagesse; et elle y atteindra.

En serait-il autrement que je ne désespérerais pas

de mon pays, que je ne le proclamerais pas en décadence irrémissible.

Tant que la France sera debout, il me semblerait
criminel de n'avoir pas foi en son avenir ; et tant
qu'un cœur français battra dans une poitrine française, les plus grands malheurs pourront être réparés.

Je conçois bien aisément que l'on éprouve des regrets
à voir ses concitoyens suivre une pente que l'on juge
fatale, et ne pas faire tout leur possible pour reprendre la position perdue. Mais, cependant, je ne puis
admettre qu'on semble vouloir les abandonner à leur
funeste inspiration, en déclarant bien haut que le pays
périra s'il n'est pas ce qu'on le souhaiterait être.
Qu'il soit d'abord !

Je souhaite bien sincèrement que la France puisse
se tirer de ses embarras intérieurs par l'énergie seule
et le bon sens de ses citoyens ; mais je n'y crois pas.
Puissé-je me tromper ; puissé-je voir mal ; puissé-je
juger avec un esprit prévenu ! Fasse demain que j'aie
fondé sur aujourd'hui trop peu d'espoir ! L'erreur me
sera douce.

Que la France montre que non seulement ceux qui
désespèrent d'elle ont grandement tort, mais encore que
beaucoup de ceux qui croient à son relèvement ont une
idée fausse des moyens par lesquels elle est capable,

non seulement de reprendre son ancien rang, mais encore de grandir.

Je demande qu'elle grandisse par la vertu civique et non pas par la gloire des conquêtes. Elle s'acquerra ainsi un prestige moral qui lui donnera la première place dans le concert des nations.

Je ne crois pas pouvoir former un vœu plus français ni plus en rapport avec le sentiment général.

Je suis aussi convaincu que je fais acte de bon citoyen en souhaitant de toutes les forces de mon âme que, dans la réaction qui se peut prévoir dès aujourd'hui et qui bientôt sera appelée par le vœu général, les dépositaires de l'autorité sachent conserver toujours une modération bien désirable, et n'oublient pas que la France d'aujourd'hui ne redeviendra jamais ce qu'elle était il y a seulement cinquante ans.

EDOUARD BOURGOGNE.

Dijon, le 7 mars 1877.

CHAPITRE PREMIER

Quelques mots sur le caractère du Français et les dispositions de son esprit

---

L'esprit de tous les temps et de tous les pays. — La légèreté du Français. — Sa tendance à l'engouement et ce qui en résulte. — Les idées frondeuses, autrefois et aujourd'hui. — Les illusions et le découragement. — Optimistes et pessimistes. — Le mal et le bien. — Rien n'est changé dans le fond du caractère. — Les idéologues. — L'intérêt personnel combattu par les tendances généreuses du caractère. — Le respect pour l'honnêteté et la droiture. — Un dernier mot.

Il est de mode aujourd'hui chez nous de tout déconsidérer, de tout blâmer; il est à l'ordre du jour de comparer la France aux pays étrangers et de trouver qu'elle est presque la dernière des nations. Les uns estiment que l'esprit y va trop vite, les autres qu'il y est trop en retard; chacun cite des exemples à l'appui de son dire et discute dans le vide, sans arriver à convaincre son adversaire, ni à lui prouver même qu'il n'est pas dans le vrai; on se passionne à l'envi, on s'entête avec d'autant plus d'énergie dans son opinion qu'elle est moins soutenable.

Aussi, de telles discussions engendrent-elles des animosités, des défiances qui ne font que rejeter chacun des adversaires dans sa manière de voir, dictée fort souvent par son intérêt personnel.

Si c'est un fâcheux état de choses, il faut cependant se garder d'en exagérer la portée. Il n'est point la conséquence du caractère français; il n'est point une conséquence de l'esprit d'aujourd'hui.

A toutes les époques et dans tous les pays, comme il est aisé de s'en convaincre, il y eut des contestations de ce genre, moins générales, il est vrai, parce qu'une grande partie de la nation restait entièrement étrangère aux questions de la politique, mais aussi passionnées que de nos jours. On citait moins autrefois les institutions des pays voisins, parce qu'on les connaissait fort peu. On tendait à l'amélioration de la société par des moyens qui ne sont pas ceux d'aujourd'hui; on cherchait à progresser comme aujourd'hui, quoique n'allant pas aussi vite. Car toujours les efforts de l'homme se sont portés sur le bien-être. C'est le propre de son esprit, quoi qu'on en puisse dire ; et les découvertes de l'ordre le plus élevé ne sont en réalité que des occasions d'améliorer sa situation maté-rielle, tout en élevant son niveau intellec-tuel.

Nos pères, qui ignoraient tous les raffine-ments de notre civilisation plus avancée, étaient tout aussi ardents que nous pouvons l'être à satisfaire leurs désirs ; ils en avaient moins, il est vrai, ayant plus de difficulté à les satisfaire. Aujourd'hui on vit plus et plus vite qu'autrefois, si nous pouvons nous ex-primer ainsi.

Un désir satisfait fait naître un désir à sa-tisfaire, chaque avantage obtenu par l'homme n'arrivant, en général, qu'à lui faire mieux sentir combien, malgré ses efforts, il est loin encore de l'idéal.

La facilité que l'homme éprouve à se satis-faire, loin de le modérer, ne fait donc qu'ac-croître ses besoins, besoins d'autant plus im-périeux souvent qu'ils sont plus factices.

Assurément certains événements, dont la
gravité ne peut échapper à personne, parvien-
nent à suspendre pour un temps et dans une
certaine mesure les tendances de l'homme à
mettre son intérêt matériel au-dessus de tout.
Le péril couru par une collectivité peut faire
taire les visées individuelles. Malheureusement, il est triste d'avoir à le dire, il n'en est
pas toujours ainsi.

La génération actuelle n'est point, sous ce
rapport, à l'abri d'un blâme sévère, quoiqu'elle puisse bien répondre qu'elle n'a pas
innové et que ses aïeux ne s'oubliaient pas
autant qu'on le dit parfois. En lisant les
récits, les chroniques d'autrefois, on n'y
trouve pas que dévouement, que désintéressement.

Ceux qui voient sans parti pris leurs contemporains, savent fort bien faire observer
les défectuosités de leur temps.

Vouloir juger l'esprit d'une époque par des
histoires générales, relatant les faits importants seulement, constatant plus les résultats
qu'étudiant les causes qui les ont produits,
c'est s'exposer à porter un jugement complè-

tement faux, ne reposant que sur des apparences.

C'est cependant ainsi que l'on proclame à
chaque moment que le passé valait mieux
que le présent. On prend dans l'histoire
d'autrefois un nom illustre, et l'on déclare
qu'aujourd'hui il serait impossible de rencontrer un tel homme, que par conséquent nous
sommes dégénérés. On juge le passé sur ceux
qui l'ont illustré; on ne tient nul compte de
la masse du public. On ne cherche pas à se
rendre compte de ce que pouvaient être ses
sentiments. On paraît ne pas vouloir admettre qu'elle eut autrefois de vilaines pages
que les historiens ont cependant rapportées.
On considère les époques troublées qu'ont
traversées nos aïeux comme des accidents
sans importance, puisque le pays a pu vivre
et prospérer à leur issue.

Il est vrai qu'en face de ceux qui ne voient
que mal dans le présent, il s'en trouve d'autres
qui prennent plaisir à souiller tout ce que
nos ancêtres ont compté parmi eux de glo-
rieux et de grand, à couvrir de ridicule ce
qui jadis était en grande vénération, tandis

qu'ils entourent d'hommage ce qui eût été
honni autrefois et ce qui est encore objet
d'aversion pour le plus grand nombre.

Non, assurément, les hommes d'autrefois
n'étaient pas exempts des mesquineries qui
nous abaissent à nos propres yeux. Ils ont fait
de grandes choses; mais nous ne pouvons
voir par quelles alternatives ils ont passé, à
quelles défaillances ils se sont laissés aller. Il
y a eu parmi eux de nobles et grands caractères, des esprits élevés et pleins d'amour
pour leur pays et pour les intérêts collectifs.

Mais la vie de tous les jours, mais la vie
privée de ceux d'autrefois, nous ne la pouvons apprécier comme il est possible de le
faire pour nos contemporains, que des raisons
de jalousie, que mille et mille considérations
personnelles nous font souvent trouver plus
mauvais qu'ils ne sont. S'il s'était rencontré
autrefois des hommes observateurs, écrivant
jour par jour leurs impressions en détail, et
citant des faits à l'appui, on verrait bien aisément qu'il est injuste de louer toujours les
générations éteintes au détriment de celles
qui vivent et se meuvent, poussées qu'elles

sont par des passions, des qualités et des défauts identiques pour la plupart.

Nous n'entreprenons pas de justifier notre siècle et de le déclarer impeccable; nous reconnaissons qu'il en est fort loin, et que ceux qui déplorent ses erreurs ont souvent grand'raison. Mais, quant à être bien plus mauvais qu'autrefois, quant à être dégénérés, nous ne le sommes pas; et il est bien malaisé de trouver dans l'esprit contemporain de quoi justifier certains sinistres pronostics.

Si les tendances du caractère français n'ont pas changé, les besoins de l'esprit se sont modifiés, chez nous, plus tôt et plus rapidement qu'ailleurs. L'esprit tend toujours vers l'amélioration du sort de l'homme, mais par des chemins qui ne sont plus ceux d'hier, par des chemins séduisants et dangereux, avouons-le. Le fond de notre caractère est resté lui-même; ses manifestations revêtent des formes nouvelles. Mais, en dépit de la marche de l'esprit, il est toujours demeuré léger, plus qu'on ne veut se l'avouer, moins cependant qu'on ne le proclame parfois.

Cette légèreté, qui a pour corollaire une

mobilité excessive dans les désirs et les appréciations, explique les revirements subits et
souvent fort peu justifiés d'une opinion publique se laissant aller, sans réflexion le
plus souvent, à sa première impression. Fréquemment aussi chez ceux même qui réflé-
chissent, les revirements s'opèrent à l'impro-
viste, quand un côté défecteux de leur
manière de voir leur apparait, alors qu'ils
croyaient en avoir pesé toutes les qualités et
tous les défauts. Ceci serait plutôt de l'étour-
derie que de la légèreté; mais ce sont là
deux imperfections du caractère qui sont
intimement liées et se complètent l'une par
l'autre.

Il n'en faut pas conclure cependant que
tout Français ne juge les choses que par la
surface. Dans une telle appréciation de notre
esprit, il y a partialité ou connaissance in-
complète. Le bon sens, quoique n'étant pas
notre qualité dominante, est loin de nous faire
défaut, et au milieu de nos erreurs, il se fait
jour à des intervalles assez fréquents. Il nous
fait revenir à certaines idées, repoussées peu
avant après un examen imparfait, ou en

adopter d'autres contre lesquelles l'opinion s'était déjà prononcée à plusieurs reprises.

Il est incontestablement fâcheux que nous ne soyons pas doués à un degré plus élevé de ce sens pratique, qui à défaut de la stricte logique a pour lui la raison, et dont les Anglais ont le privilége enviable d'être pourvus plus que tout autre peuple. Et cependant, ils n'arrivent pas d'un seul coup à la solution cherchée ; il se produit chez eux moins de tiraillements, moins d'hésitations peut-être, mais ils n'en sont point entièrement exempts.

Ce qu'ils ont d'heureux surtout, c'est que leur calme les préserve de l'engouement. Voyant moins les choses à travers le voile de l'imagination, ils saisissent mieux la réalité que le Français. Celui-ci est séduit, encore aujourd'hui qu'il devient de plus en plus positif, par les parties généreuses, idéales, d'un programme exposé par le premier souteneur venu d'un progrès plus ou moins réel.

Souvent une idée est à peine nécessaire chez nous pour engouer le public. Un mot de circonstance suffit à obtenir ce résultat. Il

est aisé de devenir populaire ; mais en revanche il est difficile de le demeurer longtemps et même de reconquérir une popula-
rité perdue. Il est rare qu'un mot, quelle que
soit l'idée qu'il représente, ne perde pas
beaucoup de son prestige le jour où il n'est
plus possible à l'imagination de se le montrer
comme l'expression de l'idéal convoité. Et
c'est ce qui arrive toutes les fois que le mot
pour lequel on a fait des révolutions se trouve
réalisé par un ordre de choses fort incapable
de contenter tout le monde.

Grâce à cette défectuosité de l'esprit français, il est plus aisé en France que partout
ailleurs de faire la guerre à des principes,
difficiles à renverser avec des armes sérieuses.
On lance des mots, comme ceux de cléricalisme, de despotisme, de libéralisme, vides
de sens pour beaucoup de gens qui les répètent avec conviction ; ceux qui sont en état de
les comprendre les interprètent de diverses
manières. Fort peu s'inquiètent s'ils représentent une idée réelle, existante, ou si ce
n'est qu'une arme de combat plus ou moins
loyale. Armés de leur mot, ils cherchent avec

conviction à assommer le pouvoir, qui, par un autre mot, peut parer leurs coups.

On ne se décide généralement à aller au fond des choses que quand on s'est trouvé, après la guerre des mots, aussi peu avancé, ou plutôt moins avancé qu'avant. Alors à l'engouement succède l'irritation, prélude forcé d'un nouvel engouement pour un autre mot représentant, soi-disant, la panacée universelle.

Et il en est pour les hommes comme pour les faits et les mots. Prompt à juger, trop prompt même, l'esprit français néglige, dans sa précipitation, d'examiner scrupuleusement ses favoris du jour. Aussi est-il souvent trompé ; ce qui ne l'empêche de faire le lendemain ce qu'il faisait la veille, ce qu'il faisait il y a des siècles et ce qu'il fera sans doute longtemps encore.

Un homme obscur se trouve du jour au lendemain célèbre. Son nom est dans toutes les bouches. C'est un grand homme ; le peuple fonde en lui toutes ses espérances, jusqu'au jour où un événement quelconque vient donner du retentissement à un nom

nouveau, vers lequel se portent sans difficultés les sympathies attachées au premier, qui
ne les pourrait conserver que par un concours de succès de tous genres capable de
surexciter l'enthousiasme populaire.

C'est là ce qui complique la tâche de tous
nos gouvernants, quels qu'ils soient et quels
qu'ils puissent être. Mais il est juste de dire
qu'à certains moments elle peut en être ainsi
facilitée.

Cette tournure de notre esprit rend surtout
singulièrement plus aisés les bouleversements gouvernementaux. Le chef de l'Etat,
par cela seul qu'il est nouveau, a droit à des
amabilités qu'on s'empressera, du reste, de
lui faire payer par des taquineries aussi exagérées. On aime la nouveauté en France, et
on croit toujours pouvoir obtenir mieux que ce
que l'on a. C'est là ce qui domine l'opinion.

Nous ne prétendons pas qu'au fond de
toutes les manifestations de l'opinion il n'y
ait rien. Il y a quelque chose, mais fort peu
de chose le plus souvent.

Que l'on tienne compte de l'ensemble de
ces manifestations, que l'on en dégage l'idée

maîtresse au bout d'un certain temps, rien de mieux. Mais vouloir essayer de satisfaire le sentiment public chaque fois qu'il se fait sentir, serait une œuvre impossible; car, fort souvent, ce qu'il aurait demandé la veille avec passion, il le rejetterait le lendemain avec non moins d'entrain et d'apparence de tenacité.

Plus capricieux que volontaire, le Français serait le premier à se plaindre d'un gouvernement qui lui donnerait tout ce qu'il demande et [aussitôt qu'il le demande, étant souvent fort heureux d'avoir conservé ce qu'il voulait remplacer.

Il se mêle, à toutes ses réclamations, de la gaminerie, comme on l'a dit fort souvent. Il tourne en amusement la chose la plus grave, et souvent ses idées les plus sérieuses ne lui sont qu'une occasion de rire.

Que de fois n'a-t-il pas adopté une idée pour *faire niche* au pouvoir et n'a-t-il pas eu à regretter d'avoir poussé la plaisanterie trop loin? Que de catastrophes ne sont pas sorties d'un simple jeu, considéré comme sans portée par ceux qui y prenaient part avec le plus d'ardeur?

Mais en somme, disons-le pour rendre justice à nos concitoyens et pour rendre hommage à la vérité, cette légèreté extérieure ne doit point faire croire à l'absence de tout sérieux dans l'esprit français. Il a d'ailleurs donné, à certains moments, des preuves éclatantes en sa faveur, et il a montré que s'il aimait le rire, il n'en oubliait pas pourtant la gravité qu'imposent de cruelles infortunes. Pour être jusqu'au bout conforme à la vérité, nous ajouterons qu'il serait peut-être plus sage de n'attendre pas les catastrophes pour se montrer sérieux, et qu'incontestablement on les éviterait mieux en résistant à son penchant pour la plaisanterie, qu'il n'est possible de les réparer en en comprenant les conséquences.

Quand un penchant s'est montré chez un peuple, persistant et dominant depuis que ce peuple est constitué, il y a peu d'espoir qu'il soit un jour étouffé pour ne plus reparaître. Tout au plus peut-il être atténué dans une certaine mesure et en de certaines circonstances. Maintenant il n'est ni moindre ni plus fort qu'autrefois ; si on ne peut le supprimer, on peut du moins s'ingénier à chercher le moyen d'en rendre les effets moins fâcheux, en protégeant la nation contre ses propres entraînements.

Il est une tendance, qui pour n'être pas propre aux Français seuls, n'en est pas moins fort dangereuse. Elle est, du reste, parmi eux, plus exagérée que partout ailleurs; ce qui peut s'expliquer, comme l'engouement, par la légèreté de l'esprit. Car bien que la tendance frondeuse, c'est de celle-là que nous voulons parler, ne soit pas la conséquence immédiate et naturelle d'un esprit trop superficiel, on doit reconnaitre, toutefois, qu'un peuple plus réfléchi, calculant mieux les conséquences de ses actes, se laisserait moins aller à critiquer ce qui est, uniquement, en général, parce que cela est et sans avoir de réels griefs à articuler contre un ordre de choses même imparfait.

Non seulement le Français critique aisément les défectuosités les plus infimes et les plus impossibles à éviter, surtout en matière gouvernementale; non seulement il critique par besoin d'opposition, mais encore il le fait souvent sans aucune pensée sérieuse.

Peut-être dira-t-on, à sa décharge, que dans ses critiques incessantes il y a une preuve de sa tendance à se rapprocher chaque jour de l'idéal entrevu par son imagination, plus riche et plus fertile que celle des peuples qu'on lui cite comme modèles.

Mais vouloir toujours mieux, c'est s'exposer à n'avoir non seulement jamais rien de bien, mais encore rien de supportable ; c'est s'exposer à n'avoir un jour rien à mettre aux lieu et place de ce que l'on a supprimé comme s'éloignant trop des aspirations du moment.

Du reste, en admettant que l'esprit français ait des tendances plus puissantes que celles d'aucun autre peuple, le portant à chercher toujours le parfait, il n'en serait pas moins incontestable que, par caractère, il se livre avec satisfaction à l'acte de critiquer ses chefs et leurs actes.

Raisonneur, souvent sans raisonnement, un Français discute les ordres qui lui sont donnés ; il les juge, généralement d'une manière défavorable, se posant en appréciateur impeccable. Il y a de la suffisance dans ses instincts frondeurs : il croit toujours pouvoir faire mieux que celui qui lui commande. Aussi est-il toujours curieux de savoir le pourquoi de ce qu'on lui fait faire, afin de le pouvoir discuter plus aisément. Vouloir se rendre compte des choses au milieu desquelles on vit est un penchant excellent de l'esprit, quand on prend la peine, avant que de juger, de réunir des éléments capables d'asseoir une appréciation sérieuse. Mais, quand le premier venu s'arroge le droit de vider d'un mot les questions les plus complexes et les plus en dehors de sa portée, la tendance devient dangereuse, parce qu'elle a pour conséquence immédiate de faire voir les hommes et les faits sous des aspects imaginaires le plus souvent.

Les conséquences en sont connues ; notre histoire en fourmille, et les exemples en sont d'autant plus nombreux que l'opinion publique devient plus écoutée.

Conclure de là qu'il ne faut tenir pour d'aucun prix ses manifestations serait tom-

3

ber dans un extrême, qui n'aurait sûrement
qu'une vie éphémère. Mais, comme nous
le disions plus haut, il ne faut lui accorder
que ce qu'elle a demandé pendant un temps
assez long et avec une attitude dénotant un
besoin réel.

Le type du Français est le Parisien : du
moins il est admis que qui voit un Parisien
est à même de juger du caractère de tout
Français. Nous n'avons pas à réfuter cette
manière de voir dans ce qu'elle a de trop absolu ; on l'a fait assez souvent et assez bien.

Ce qui permet de prendre l'habitant de
Paris comme type, c'est sans doute la composition de la population de cette ville où l'on
trouve des Français venus de tous les coins
du pays, et s'empruntant les uns aux autres
des qualités et des défauts particuliers qui finissent par former un caractère uniforme,
mais spécial. L'on doit tenir compte aussi de
l'élément étranger qui se trouve mêlé en
grande quantité à l'élément national et qui
n'est pas sans avoir également une influence
d'une nature particulière et bien incontestable.

Paris est une ville à part où certainement on retrouve plus que partout ailleurs les qualités et les défauts français, mais où on les retrouve exagérés quoique rendus plus séduisants que dans aucune autre partie du territoire. Pour juger du caractère d'un peuple, il faut l'étudier, non pas seulement dans les grandes agglomérations, mais aussi et surtout dans les petites bourgades où il se montre mieux sous son véritable jour.

Plus frondeur dans la capitale, il l'est cependant sans contredit dans les campagnes : Il l'a toujours été, chez le bourgeois comme chez le paysan, quoique jadis il se manifestât moins. Cependant les siècles passés nous offrent plusieurs exemples des malheurs causés par le besoin incessant de critique hâbleuse et sarcastique, qui poussa souvent le Français dans de sanglantes aventures, considérées au début comme de simples jeux.

Il est encore chez nous une tendance dont les résultats sont toujours mauvais. C'est celle qui nous porte à nous exagérer les résultats qu'un événement peut nous procurer, soit en bien, soit en mal. Enclins à l'illusion,

nous sommes naturellement exposés à des
déceptions, qui ont un effet moral terrible.
Là où apparaît le mieux cette faiblesse, c'est
dans l'armée, après un échec, même de peu
d'importance réelle. Le soldat de tous les
pays se sent plus fort naturellement après
un succès ; un revers l'attristera, le décou-
ragera même profondément. Mais dans aucune troupe la démoralisation n'est plus rapide et plus contagieuse que parmi les régiments français. Leur courage est comme pa-
ralysé, et s'ils font leur devoir, ce n'est plus
avec le même entrain. Ils se défient et d'eux-
mêmes et de leurs chefs ; ils croient au dé-
sastre complet alors qu'il n'y a qu'insuccès
partiel. S'étant montrés courageux, ils s'imaginent aisément que la trahison seule a pu
leur enlever la victoire.

Parmi la grande masse de la nation, il en
est de même. Rapidement découragé, le
Français se prend à concevoir à nouveau de
grandes espérances au premier sourire de la
fortune. Mais si ce sourire se fait trop attendre, il s'abandonne désespéré ; et, criant à
la trahison, à la tromperie, il se laisse em-

porter à de funestes sottises dont il est difficile de le défendre. C'est ainsi que l'optimisme
et le pessimisme sont tour à tour rois dans
l'opinion. L'on écoute avec peine celui qui
annonce des résultats mêlés de bien et de
mal, d'avantages et de désavantages. Certain
jour, on proclame la décadence nationale et
le peuple de dire : La France est perdue,
c'est le Bas-Empire, c'est l'Espagne, c'est le
chaos. Il n'y a plus d'issue. Puis demain ce
sera tout autre discours : Nous sommes le
premier peuple du monde, crie une voix re-
tentissante. Chacun applaudit, chacun ac-
clame l'éditeur de ce mot bienheureux. Malheur à ceux qui oseraient alors s'élever au-
dessus de la griserie de tous et tenter de ramener l'enthousiasme à des proportions plus
en rapport avec la réalité. Ce sont des traî-
tres, diraient ceux qui, la veille, déploraient
plus haut qu'eux la ruine fatale du pays.

Cependant ce défaut lui-même, cette facilité de passer du découragement à l'espérance n'est pas sans avoir parfois des conséquences heureuses. L'espérance rend au
Français toute sa force, toute son énergie ;

et l'on pourrait dire que c'est elle, que c'est la propension à l'enthousiasme, qui donne à nos troupes cet invincible élan qui leur valut si souvent la victoire, mais qui ne sait pas résister à l'insuccès.

Mais si l'enthousiasme est excellent à certains moments, il n'est pas en somme d'un heureux effet dans la vie de tous les jours. Car il porte à exagérer tout ; et si à la guerre il est bon qu'on voie toujours le succès devant soi pour se trouver ainsi plus fort au moment du combat, dans la vie civile, où il n'y a que bien rarement de grands efforts à tenter, où l'élan n'est nullement nécessaire, on doit fuir avant tout ce qui ressemble à de l'entraînement. Il permet aux habiles de l'utiliser pour le besoin du moment ; et s'il aide ainsi quelquefois à sortir d'embarras, il n'en est pas moins propre à nous y plonger bien souvent.

Dans notre facilité à passer de l'espoir au désespoir, du pessimisme à l'optimisme, il se trouve donc de graves inconvénients qui certes ne sauraient être rachetés par les rares avantages qui peuvent, en de certaines circonstances, résulter d'une telle disposition. Le mal l'emporte donc en ceci sur le bien. Les illusions peuvent parfois vous griser, et au milieu d'un concours heureux de circonstances vous pouvez accomplir de grandes choses. Mais pour une fois que le succès viendra augmenter encore vos espérances, il se présentera un grand nombre d'occasions où tout votre édifice de vues optimistes s'écroulera pour ne vous laisser que découragements amers et exagérés.

C'est donc faire une mauvaise action que pousser sérieusement le pays dans la voie des illusions folles, qui ne l'attirent que trop ; mais c'est aussi mal agir que semer parmi les Français le découragement, qui est pour eux si funeste dans ses conséquences.

Il s'est trouvé, dans tous les temps, des hommes pour exploiter les défauts du peuple. Jamais ils n'ont eu aussi libre carrière qu'aujourd'hui. C'est contre eux qu'il faut prémunir la sympathie publique toujours disposée à se porter vers ceux qui la recherchent en flattant les passions qui s'agitent au sein de toute société.

Les événements les plus divers ne semblent point avoir modifié le caractère français au fond. Ils ont cependant une influence incontestable qui apparaît à certains moments, sans qu'il soit pour cela possible d'admettre l'opinion, soutenue par beaucoup de personnes aujourd'hui, d'après laquelle nos qualités seraient amoindries, nos défauts exagérés. Il nous semble que les partisans de cette manière de voir ont confondu le caractère et l'esprit, qui, pour avoir des points de contact fort intimes, n'en sont pas moins distincts l'un de l'autre.

Nos défauts de caractère sont toujours les mêmes; ceux qui peuvent être le résultat des tendances de l'esprit ne sont pas pour le moment identiques à ce qu'ils étaient autrefois. Des tendances nouvelles donnent naissance à des qualités et à des vices, attachés aux conséquences de ces tendances mêmes, exagérés ou atténués par le caractère qui fait en cela sentir une influence invariable. Il peut se produire toutefois ceci, c'est que le caractère ait à certaines époques des manifestations plus apparentes et plus dangereuses;

que l'esprit d'un siècle lui permette de se
montrer plus aisément et avec moins d'entraves, tel qu'il a toujours été, mais tel qu'on
n'avait pu encore l'entrevoir. Ses conséquences peuvent apparaître revêtues d'une forme
inconnue jusqu'alors et faire croire à une
modification du caractère même.

Mais ceux qui, partant de cette idée que le
fond du caractère n'est point influencé d'une
manière notable par la succession des événements qui marquent la vie d'un peuple, pré-
tendraient que toutes les manifestations nouvelles ne sont que choses extérieures et sans
portée, donneraient ainsi à la *nature* origi-
naire de l'homme une importance plus grande
que celle qu'elle doit avoir, feraient fausse
route et s'engageraient dans une voie qui
n'est que trop fréquentée. Ils oublieraient
qu'il faut tenir compte surtout des aspirations
du moment, satisfaire les tendances du jour.
Car si l'on ne peut employer pour conduire
un peuple des procédés en opposition avec
son caractère, il est encore plus difficile de
résister à la marche de l'esprit public. Pour
diriger la marche des esprits il faut compter

avec le caractère ; mais s'ériger en juge, déclarer que l'esprit d'un temps est tout à fait incompatible avec le caractère d'un peuple, est une théorie fausse. Car quelles que soient les tendances nouvelles, le caractère leur imprimera sa marque qui fera, que d'un peuple à un autre, les mêmes aspirations devront n'être pas satisfaites d'une manière identique. Nous ne parlons ici que des tendances sérieuses ; nous ne parlons pas de ces manifestations passagères d'un vœu non réfléchi, comme les masses en font si aisément chez nous. Obéissant à la moindre impulsion, elles ne sont en ces occasions que les instruments inconscients de quelques meneurs, exploitant à leur profit, tout à la fois, et le caractère du peuple et l'esprit d'un moment.

Dans le choix de là forme de gouvernement, il faut compter et avec le caractère et aussi avec l'esprit de l'époque ; ce n'est pas là l'œuvre d'un jour et on n'arrive à un résultat satisfaisant qu'après bien des essais infructueux. Incontestablement c'est œuvre délicate ; mais bien que difficile, elle n'est point irréalisable pour quelqu'un animé du

désir sincère de trouver le vrai, et libre de
tout parti pris.

Mais il faut aussi rabattre beaucoup de ses
espérances quand on entre dans le domaine
de la réalité, dans le domaine des faits. Entre
ce qu'est la France et ce qu'elle devrait être,
il y a un abîme. Les idéologues ne seront
jamais satisfaits ; jamais ils ne seront écoutés
parce qu'ils demandent trop et que précisément il font ainsi trop sentir à la nation le
chemin immense qu'il lui faudrait parcourir,
les obstacles qu'il faudrait vaincre, les sacrifices qu'il faudrait s'imposer pour obtenir
leur approbation. Ils découragent, par leurs
exigences, ceux qui seraient animés des meil-
leures intentions.

Vivant au milieu d'un rêve, s'ils s'éveillent
parfois, ils se hâtent de s'y replonger pour
chasser les tristesses qu'ils ont cru rencontrer à chaque pas parmi leurs semblables. Ils
ne voient que turpitudes ou actions d'éclat.
Ils jugent par les extrêmes ; et voyant moins
de très-belles actions que d'actes égoïstes,
ils finissent par se désintéresser égoïstement
des choses de leur pays. Ou bien, ils se met-

tent à la recherche de moyens fantastiques pour remédier au mal; et ne recueillant que sourires d'incrédulité quand ils proposent leur plan infaillible, dans lequel ils ont tout calculé, sauf la nature de l'homme, ils s'en vont annonçant partout la dégénérescence de leurs concitoyens.

Pour ne vouloir tenir nul compte des faiblesses humaines, pour croire qu'il est possible de les corriger, on tombe dans la puérilité; tandis que si, au lieu de s'égarer ainsi, on cherchait à atténuer les conséquences de ces faiblesses, on pourrait, nous ne saurions trop le répéter, obtenir un résultat heureux et pratique.

Vouloir garder une société contre ses propres erreurs, la défendre contre ses passions mauvaises, la moraliser, en un mot, est une œuvre grande, qui donne toujours moins que l'on n'espérait, mais qui, si l'on a su faire la part du mal inévitable, ne reste pas stérile. Il faut la compléter par des institutions capables de ne point laisser perdre le fruit des efforts tentés. Et c'est là la partie la plus délicate de la tâche.

Il faut compter avec le mal comme avec le bien, quand on veut même améliorer les choses d'ici-bas, accepter le mal comme un ennemi qu'on doit surveiller, mais l'accepter. Beaucoup de vices ont leurs atténuants, nous ne pouvons dire leurs remèdes, placés à côté d'eux.

Ainsi, en France l'égoïsme naturel se trouve combattu par la générosité que l'on ne peut encore refuser à notre pays. Toujours le bien-être a développé l'égoïsme. Chez nous, favorisés que nous avons toujours été par un climat agréable et tempéré, par un sol fertile qui est l'origine de notre richesse, il avait plus d'éléments pour se développer. L'homme, exposé perpétuellement à la souffrance et aux privations, s'attachera nécessairement moins à lui-même que quand il se trouve libre de tous soucis, à même de réfléchir sur les agréments de son existence. Les soins, les raffinements dont il s'entoure lui donnent plus de valeur à ses propres yeux. Il tient à ce que l'on fasse cas de sa personnalité, à ce qu'elle ne soit pas sacrifiée dans l'intérêt d'une collectivité. Puis, exagérant, il lui faut voir ses besoins personnels mis au-dessus de ceux de la société dont il fait partie.

C'est là le point le plus reproché au Français d'aujourd'hui. Il est malheureusement indéniable. Le bien-être est plus grand, l'égoïsme aussi. Il faut bien s'en accommoder. Il a heureusement, du reste, un adversaire redoutable en cette tendance généreuse qui fait que l'on s'oublie soi-même quand le besoin est impérieux.

Chez aucun peuple autant que chez nous il n'y a d'élasticité. Aucun ne passe aussi aisément du vice à la vertu, de l'oubli du devoir à son accomplissement intégral. Aussi, y est-il toujours permis d'espérer. C'est le côté avantageux de la mobilité excessive de notre caractère, de la légèreté de notre esprit.

Si nous avons des défauts, nous ne sommes pas sans avoir de sérieuses qualités que ce n'est pas le lieu d'énumérer ici. On s'incline devant le succès, il est vrai ; mais en France cependant on respecte l'honnêteté, on l'estime. On en rit, comme de tout le reste ; mais on l'aime. Un caractère élevé et désintéressé a le privilège bien mérité de passionner les

masses, qui parfois peuvent se laisser tromper par de fausses apparences et adresser
ainsi mal à propos leurs hommages. Elles
peuvent aussi méconnaître la vraie honnêteté,
la juger mal, et prendre, en matière politique surtout, ce qui n'est qu'impartialité
pour de la duplicité.

La défiance s'explique aisément de la part
de gens si souvent trompés et cependant encore si faciles à décevoir.

Quand l'on veut juger de l'état des esprits
dans un pays, quel qu'il soit, il faut se garder
de juger toute la nation d'après certaines
personnalités tapageuses et ambitieuses sans
scrupule, mettant au-dessus de tout, en tous
les temps et en tous les lieux, la satisfaction
de leurs désirs effrénés de richesse et de puissance.

En disant qu'il reste encore des qualités
chez nous, qu'elles ont encore la vigueur
d'autrefois, nous ne nous laissons pas aveu-
gler par le dégoût que nous inspirent ceux
pour qui le désordre national est le premier
élément de prospérité et de succès. Car ces
hommes sont heureusement une minorité,

toujours trop nombreuse, quoiqu'infime en réalité, que nous ne faisons pas à la France l'injure de compter parmi ses vrais enfants. Quel que soit le parti dans lequel ils exercent leur déloyale habileté, ils méritent un mépris dont ils savent, hélas! trop souvent écarter les atteintes.

Ils peuvent donner à l'esprit public une teinte d'infamie qu'il n'eut jamais chez nous; mais ils sont incapables de vicier réellement les sentiments élevés qui ont toujours animé la masse de la nation française.

A certaines époques cette classe de gens s'est montrée comme elle peut le faire aujourd'hui. Les périodes de troubles lui sont favorables. Cependant il est juste de reconnaître qu'au milieu d'une société démocratique, les ambitions que peuvent concevoir les plus infimes comme les plus élevés, augmentent dans une certaine mesure le nombre de ceux pour qui *la fin justifie les moyens.* Toutefois, l'état démocratique n'est pas le seul affligé de cette lèpre des ambitions demesurées : elle n'est pas inhérente à sa nature. Au sein d'une aristocratie, le même fléau se retrouve dans

d'autres conditions. Les allures chevaleresques que l'on prête au moyen-âge, avec
toutes leurs conséquences de courage et de
désintéressement, ne sont point celles de toute
la population de l'époque, mais seulement
d'une classe, de la classe aristocratique, qui,
ayant seule une influence politique, a été
étudiée spécialement, tandis que les autres
parties de la nation étaient ignorées. Toutefois, sous ce reflet de chevalerie se cachaient
bien des horreurs que l'éloignement a permis
d'ignorer, laissant ainsi dans l'esprit populaire une impression des plus favorables.

Des défauts qui pouvaient se dissimuler
dans la société féodale sont forcément plus
visibles de nos jours où, par ce mélange de
toutes les classes, il y a eu comme un échange
des qualités et des défauts propres à chacune
d'elles.

Les idées que l'on appelle chevaleresques
s'accommodent mal avec une société où l'esprit de lucre se trouve occuper une place
fatalement dominante, où l'*aristocratie* se
constitue plutôt par l'acquisition de la fortune que par tout autre moyen.

Le travail, exempt de toute poésie, auquel chacun se voit obligé de se livrer, modifie forcément l'esprit d'une société; devenant plus positive, elle devient moins brillante. Mais de ce que l'honnêteté et l'honneur y sont entourés de moins d'éclat, il ne s'ensuit pas qu'ils aient disparu; et de ce que la politique facilite, en ce qui la concerne, l'élévation de personnages sans scrupules, on n'en doit pas conclure qu'elle est par elle-même une de ces choses avec lesquelles la loyauté ne saurait avoir nul rapport.

Dans un état populaire, dit Montesquieu, il faut un ressort qui n'est point indispensable dans un gouvernement monarchique, il faut la vertu politique, c'est-à-dire l'amour de la patrie et de l'égalité (1).

Le Français a-t-il, malgré ses instincts d'indépendance, cette véritable vertu politique qui permet à un peuple de se passer de direction? A-t-il ce désintéressement si nécessaire en un état de choses où chacun peut

(1) *Esprit des Lois.*

espérer satisfaire ses ambitions? Il est, hélas! permis d'en douter.

Le Français aime son pays; il s'y plait. Il aime le mot égalité, mais il comprend difficilement qu'on le soumette, pris en particulier, à la même règle que son voisin, et que pour lui on n'enfreigne pas une prohibition générale.

Il a ses préjugés, auxquels il tient et dont il faut s'accommoder dans une certaine mesure, si l'on veut établir chez lui quelque chose de durable. Les combattre en face serait parfois le meilleur moyen de les fortifier; s'il est possible de les rendre inoffensifs dans leurs résultats, il faut le faire; s'il est impossible d'y parvenir complétement, il faut du moins tenter d'y apporter quelque remède.

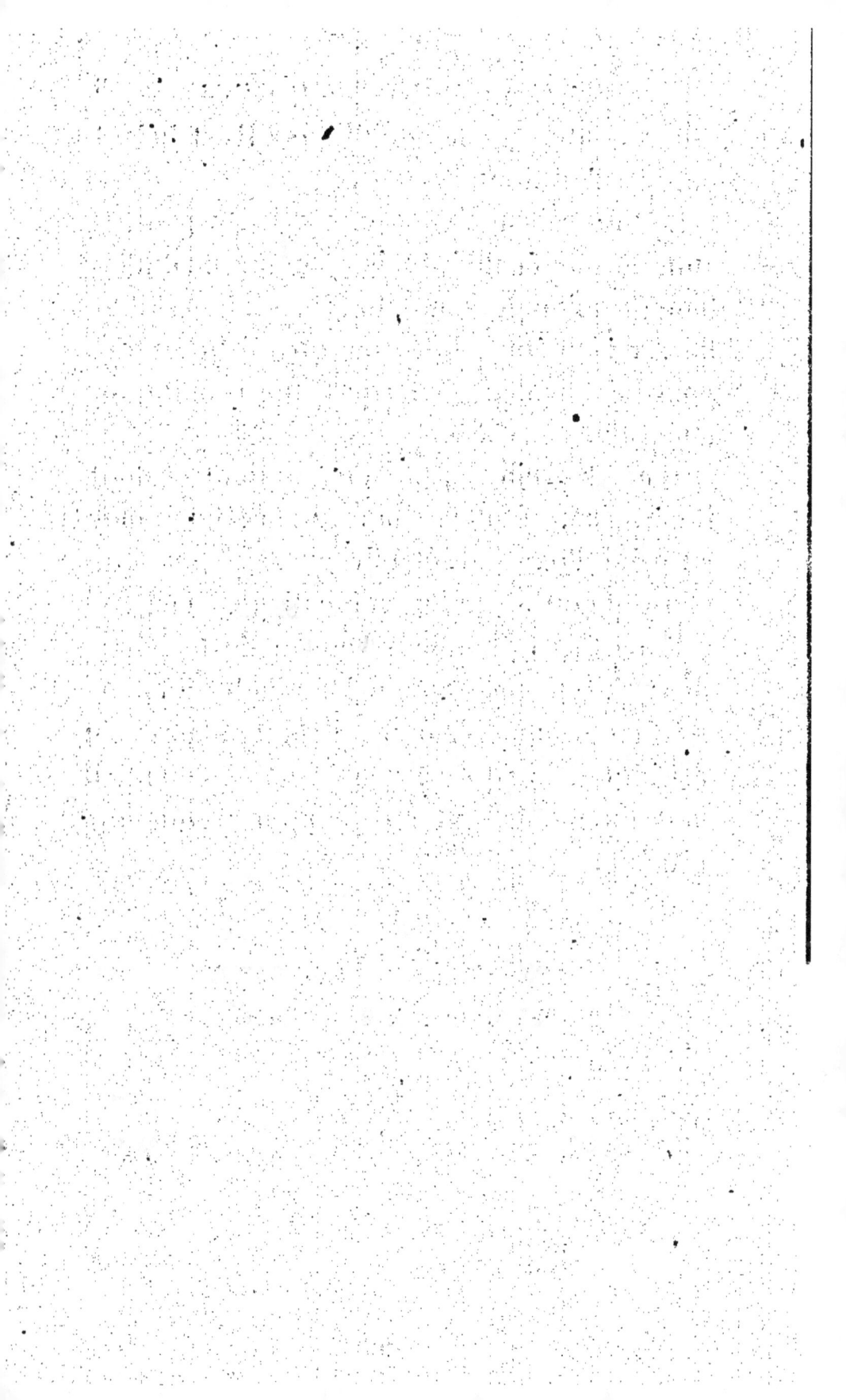

CHAPITRE II

L'Esprit national

Le patriotisme à Rome et le patriotisme en France. — Les relations commerciales. — La facilité des voyages à l'étranger et le cosmopolitisme. — Le socialisme et les aspirations de là classe ouvrière. — L'Internationale. — L'idée de patrie et les théoriciens humanitaires. — L'avenir des rêveurs. — La République universelle. — L'âge d'or de la paix perpétuelle par la confraternité des peuples.

Le patriotisme faiblit, dit-on chaque jour. L'idée de patrie s'éteint, et la vieille devise de nos aïeux « Dieu et la France » a cessé d'être vraie pour les Français d'aujourd'hui. Non, certes, l'idée de patrie n'en est point encore à s'éteindre; si elle sommeille dans des époques de calme et de quiétude, elle ne laisse pas pour cela que d'exister encore réellement. « Dieu et la France, » quoique nous ne soyons plus au temps des preux *sans peur et sans reproche,* est encore notre devise, en dépit de certains esprits qui désirent séparer l'idée de patrie de l'idée de Dieu, pour se poser ainsi en adversaires de ceux qui veulent subordonner entièrement la première à la seconde.

Il est un fait que l'on ne peut nier : c'est qu'au milieu des commotions diverses qui ont agité la France, l'idée de nationalité a perdu de son prestige. Elle ne semble plus aussi puissante que par le passé, parce qu'elle n'est plus l'objet d'une constante préoccupation. La puissance, la richesse, les théories philosophiques, les révolutions économiques et politiques n'ont pas été sans l'influencer grandement, sans toutefois la détruire ni même la dénaturer, comme on semble le dire. Quelques-unes de ses conséquences les plus entachées d'exclusivisme se sont, il est vrai, trouvées partout, et surtout en France, considérablement affaiblies par la force des temps : c'est chose hors de discussion. Mais l'idée de patrie est encore bien forte.

Quand on veut parler d'un peuple patriote, on nomme un peuple devenu maître de ce que l'on appelait alors le monde, le peuple romain. Il est incontestable que vouloir comparer l'empire romain à la France, c'est vouloir assimiler deux situations qui, malgré quelques points de ressemblance, sont loin d'être les mêmes.

Mais il n'est point hors de propos, quand il s'agit de patriotisme, de dire quelques mots de la puissance romaine, d'examiner brièvement les conditions dans lesquelles elle s'est développée et elle a décliné. On en peut tirer quelques enseignements au sujet de l'esprit national, et voir que nous ne sommes pas encore la France du Bas-Empire.

Dans les premiers temps de la république romaine, tout ce qui n'était pas romain était considéré, sauf quelques rares exceptions, comme barbare; et les peuplades qui habitaient alors la Germanie, et les territoires occupés par l'empire russe actuel, étaient bien barbares dans toute l'acception du terme. La civilisation était concentrée presque tout entière sur les bords de la Méditerranée; là seulement il y avait des états véritablement organisés, aux yeux des Romains, qui ne connaissaient que fort peu et fort vaguement la civilisation des peuples de l'Orient.

L'idée n'était pas alors que tous les hommes étaient dignes des mêmes égards.

Au nord et au sud, ce n'était que tribus errantes ne pouvant constituer encore une véritable nation avec leurs éléments mobiles et clairsemés sur une vaste étendue de territoire. Rome avait formé autour d'elle une agglomération organisée assez forte pour n'avoir rien à redouter, et rendue plus forte encore par son désir de faire des conquêtes. Les peuples divers qui habitaient l'Italie n'étaient pas en somme très difficiles à réunir; vivant de la même vie, rien ne les séparait que des obstacles purement arbitraires. Ils se soumirent au joug de Rome, qu'ils finirent par absorber en eux. Ils en subirent d'abord l'esprit, puis ils finirent par l'adopter et par suivre avec enthousiasme une politique qui ne faisait qu'ajouter chaque jour à la gloire et à la puissance de la société dont ils faisaient partie.

Ils aspirèrent à devenir avec leurs anciens conquérants les maîtres du monde, et voulurent constituer une nation selon leurs goûts, soumise à leurs règles et à leur prépondérance. Ils firent des sujets, mais non des nationaux ; il y avait impossibilité à y arriver. Ils avaient réuni à eux trop de populations diverses pour pouvoir leur donner des tendances identiques, au milieu de situations différentes.

En vieillissant, la république romaine avait étendu sa domination sur ce que l'on appelait le monde civilisé.. Tant qu'elle vit autour d'elle profits à tirer des conquêtes, elle en voulut faire. Puis, quand la richesse fut partout répandue, on considéra que le vrai patriotisme consistait, non pas à faire endurer des privations et des fatigues au citoyen, mais à lui permettre de vivre paisible en s'efforçant de développer la prospérité générale que l'on crut avoir mise à l'abri de tout péril.

On voyait sécurité partout, et dans l'égoïste désir de vivre tranquille au milieu du bien-être, on tentait encore de se persuader que la prospérité du pays dépendait d'une paix perpétuelle.

4

Le Romain d'origine et même l'habitant
des provinces de l'Empire pouvaient mépri-
ser, avant que de les bien connaître, des
êtres qui leur semblaient inférieurs et avec
qui ils n'avaient que de rares relations. Car
même lorsqu'ils eurent à se mesurer avec
eux, ils eurent au début plus de succès que
d'échecs, ou plutôt ils les voyaient fuir devant
eux en maintes occasions.

La supériorité de la civilisation romaine
élevait une barrière entre les Romains et les
Barbares.

Avant que d'être sûrs de l'existence de
peuples autres que ceux de la république romaine, les sujets de Rome se regardaient
comme formant à peu près toute la population du globe. Habitués à cette idée, la révélation de l'existence des peuplades qui les
entouraient ne fit, sur les descendants de
Romulus et ceux qui s'étaient soumis à leur
force et ralliés à leur civilisation, qu'une passagère impression. Si l'on ne pouvait douter
que les pays, considérés jusqu'alors comme
déserts, fussent habités, on en accueillait l'annonce avec indifférence. Des armées allaient

au loin protéger la frontière : on ne s'inquiétait pas de leurs insuccès, toujours sans grands résultats. On se croyait trop fort pour être jamais la victime de tels sauvages. La politique romaine ne négligea pas de se mettre en rapport avec eux ; mais le peuple ne s'habitua qu'à l'heure de la chute à les considérer comme de même essence que lui ; alors ils s'étaient infiltrés partout, et le nombre était grand de ceux qui occupaient de hauts postes.

Les généraux romains, au temps de la puissance, étaient fourbes avec ceux que l'on appelait Barbares, et que le gouvernement d'alors considérait comme des ennemis naturels, quoiqu'il les traitât plus en brigands qu'en adversaires. On les massacrait impitoyablement ou on les réservait pour les plaisirs du cirque.

Quand on les connut mieux, quand des expéditions malheureuses pour les armées romaines eurent révélé qu'il fallait compter avec eux plus qu'on ne le croyait à l'origine, on ne cessa pas de les considérer comme des Barbares, forts chez eux, dans leurs forêts et leurs montagnes, mais qui n'oseraient jamais en sortir. On déploya contre eux un peu plus de forces et on les contint pour un temps.

On n'aurait pas dû oublier cependant que Rome, à ses débuts, avait failli périr sous les coups des Gaulois, alors vrais Barbares venus de l'Asie et ravageant l'Europe sur leur passage. « Mais, dans ce temps-là, pouvait penser le Romain de l'empire, Rome n'était rien ou presque rien, et aujourd'hui elle est le monde. » Il s'endormit dans sa force; on connaît son réveil.

La besogne des envahisseurs fut facilitée par l'absence d'une entente, difficile à maintenir en somme parmi les populations hétérogènes qui formaient le colosse romain. Il n'y avait point là ce que l'on pourrait appeler un véritable esprit national. Agrégation cimentée par une administration puissante, mais composée de races trop diverses, l'empire romain n'était qu'un instrument de civilisation. Sa tâche accomplie, sa dislocation était fatale. Les instincts opposés dont les divers peuples qu'il renfermait étaient animés ne pouvaient être toujours comprimés.

Le jóur où chacun d'eux se sentit assez fort pour se mettre lui-même à l'abri des attaques extérieures, il aspira à vivre de sa vie propre. Unis tous par la force des armes sous un même gouvernement, le jour où cette force militaire déclina, ils s'émancipèrent du joug grâce auquel ils pouvaient vivre alors au milieu d'une civilisation destinée à progresser de jour en jour.

Lors des premières invasions gauloises, l'esprit national des Romains était en pleine vigueur. Encore relativement faibles, mais unis et patriotes, toute leur pensée se portait vers l'agrandissement de leur patrie qu'ils voulaient mettre à l'abri des attaques des voisins d'abord, et ensuite élever au détriment de ces derniers. Ce fut leur idée constante sous les rois et sous la république jusqu'au jour, dont nous parlions plus haut, où, arrivé à l'apogée de sa puissance, le conquérant se crut à l'abri de toute attaque et songea à se reposer dans son triomphant ouvrage. Alors le patriotisme faiblit; il s'oublia. dans la sécurité au point de ne plus se retrouver au moment du péril. Rome devint le rendez-

4.

vous de tous les peuples ; le barbare y afflua, s'infiltra dans tout l'empire, L'ancien élément, les descendants des compagnons de Romulus, les descendants des Fabius, des Scipion se trouvèrent perdus dans une foule cosmopolite. La nationalité romaine, si cette expression est bien juste, était étouffée dans sa propre conquête. L'esprit national qui avait fait la Rome de César n'était plus qu'un souvenir brillant, mais dédaigné.

Des moyens de communication suffisants pour la densité de la population et pour ses besoins réunissaient dans la métropole les peuples les plus divers, mettaient leurs préjugés, leurs besoins en présence et souvent en opposition. Alors qu'il eût fallu une autorité solide et ferme pour maintenir uni ce faisceau déjà disjoint, il n'y avait plus de maîtres ou du moins les anciens maîtres n'étaient plus que les valets de leurs anciens esclaves.

Nous l'avons dit au début de ces quelques pages que nous consacrons à l'esprit national chez les Romains, nous ne voulons pas établir une comparaison avec la France, nous ne voulons que signaler de lointaines analogies qui ne peuvent servir qu'à faire mieux ressortir la dissemblance existant entre les deux situations.

Car, souvent on a comparé la France au Bas-Empire romain, et il ne nous semble pas hors de propos de toucher à cette question, spécialement en ce qui concerne le patriotisme. Nous ne voulons point, d'ailleurs, nous étendre sur un point qui pourrait sembler une digression.

A l'époque du Bas-Empire le patriotisme était bien mort écrasé, comme nous le disions, au milieu du mélange des populations les plus diverses. Comme il n'y avait point dans le vaste empire romain ce que l'on peut appeler l'esprit national, à cause de sa composition hétérogène, il ne peut être comparé à la France homogène. Car elle est composée de races fondues entre elles depuis longtemps, ayant des aspirations identiques dans leur ensemble, un caractère propre. Les causes qui amenèrent la chute de Rome ne peuvent se retrouver en France. Certes l'abaissement du caractère qui distingua les

habitants du Bas-Empire est loin de se repro-
duire chez nous, quoique l'élévation des sentiments, quoique l'honneur n'y brillent pas
autant qu'on le pourrait souhaiter. Mais conclure de là à une ruine assurée, c'est s'exagérer beaucoup le mal, car chez nous on tient
encore à être Français. On veut sauvegarder
ses intérêts personnels, d'une manière exagérée parfois, mais on a encore au fond de
l'âme la fibre nationale ; depuis quelques
années on n'en fait guère parade. Mais il ne
la faudrait pas croire insensibilisée pour cela.
Rome tomba au milieu de l'indifférence des
descendants de Romulus. Dira-t-on que quelqu'un chez nous verrait crouler son pays
sans indignation ? Que l'on vienne toucher
au sol français, un tressaillement de colère
se fera sentir dans toute la nation, qui saura
prouver qu'elle tient à rester elle-même, maîtresse chez elle et intacte. La plus faible parcelle de territoire lui tient encore au cœur,
autant que par le passé. Et si, dans l'égarement des passions politiques, aiguisées par
la question sociale, qui existe quoi qu'on en
puisse dire, il se trouve des hommes qui

proclament sans vergogne l'aversion que leur inspirent certains agissements gouvernementaux, nous sommes cependant en droit de croire qu'en face d'un péril, où le point d'honneur se trouverait engagé, ils oublieraient leurs haines.

Le grand nombre d'étrangers qui de nos jours accourent à Paris, comme autrefois ils se réunissaient à Rome, ne peut prétendre à modifier l'élément français. Assurément on ne trouvera pas chez nous l'antipathie profonde et jugée patriotique alors, que l'on y rencontrait au moyen-âge, à l'égard des nationaux des pays voisins. Encore la France était-elle jadis, comme elle l'est restée, la nation la plus hospitalière et la plus accueillante.

D'ailleurs, quand la nationalité française était en voie de formation comme la Rome des premiers temps, se sentant faible, obligée de réunir en un seul faisceau ses éléments épars, menacée en outre d'incursions étrangères, contrariée dans son organisation par les états voisins, ses angoisses patriotiques étaient toujours en éveil, excitées par les dangers de tous les jours.

Quand, au prix des plus cruels sacrifices, son unité se trouve accomplie, elle goûte enfin quelque repos, qu'elle ne tarde pas à payer chèrement ; et, allant d'un assoupissement à un réveil toujours énergique de l'amour du pays, elle arrive à notre époque telle, à peu près, qu'elle était il y a un siècle, mais portant les empreintes de l'action des années et de la marche des esprits. France elle veut rester, quoiqu'elle ait incontestablement moins d'abnégation au milieu de la richesse répandue presque partout, qu'elle n'en semblait avoir au milieu de la pauvreté relative du passé.

Son patriotisme a pris une forme plus humanitaire ; elle ne hait plus autant sans motif, elle méprisera moins encore demain qu'aujourd'hui, peut-être, les autres peuples civilisés. Qu'elle se croie supérieure à eux, dans une certaine mesure, il n'y a nul mal ; les autres le lui rendent et ne se voient pas les derniers.

Des Barbares, on en voit moins que n'en pouvaient voir les anciens Romains, mais on en trouve cependant parmi les peuples que ces derniers ignoraient. Si on les traite avec moins de barbarie, on ne se considère toute-fois pas comme leurs égaux, mais comme leurs supérieurs. On ne les redoute pas ; ils sont loin et loin aussi est le jour où les Barbares d'aujourd'hui pourront à l'instar des Barbares d'autrefois faire écrouler le vieux monde.

On ne trouve pas aujourd'hui chez nous l'antipathie sans cause, la défiance ignorante qui, il y a un siècle à peine, séparait les peuples les uns des autres.

On dit que les hommes apprennent à s'estimer en se fréquentant. Grâce aux facilités immenses de communication, une grande partie du globe peut vivre maintenant d'une existence presque identique. On a des amis par delà les mers, alors qu'autrefois on en avait à peine hors de son village. Les distances n'entrent à peu près plus en ligne de compte, les rapprochements se réduisent à une question d'argent ; l'argent est le roi du jour, le *criterium de l'époque*, si l'on peut s'exprimer ainsi.

La civilisation, grâce à une fréquentation active, est devenue la même à peu près dans toute l'Europe, ou, du moins, les mœurs des divers pays n'y diffèrent pas assez sensiblement pour créer un obstacle aux relations.

Les intérêts commerciaux, sans cesse grandissant, réunissent sur des terres lointaines les hommes des nationalités les plus diverses, qui tous, au point de vue de leur avantage propre, travaillent à la même œuvre. Ils cherchent à pénétrer au milieu des nations chez lesquelles subsiste l'antique préjugé qui les pousse à fermer leur pays aux étrangers; ils s'efforcent de faire taire leurs défiances, et ce labeur ingrat va chaque jour s'accomplissant, lentement, mais sûrement. Ils préparent ainsi, pour un avenir relativement rapproché, l'introduction des idées modernes au milieu de peuples, grâce à la fréquentation desquels il sera possible de faire un nouveau pas en avant, dans la voie du bien-être matériel en même temps que de l'égalité morale des hommes.

C'est en grande partie au commerce que l'on doit l'établissement des premières relations internationales. De même qu'en Afrique, de nos jours, les premiers explorateurs ont été des trafiquants arabes, de même les rapports ont été établis entre les peuples européens, du moins entre ceux qui ne se trouvent pas immédiatement voisins, par des commerçants audacieux que l'appât du gain faisait voyager, soit à travers des pays alors peu connus, soit à travers des mers pleines de périls.

Maintenant que le commerce a pris une immense et irrésistible extension, plus encore que par le passé il se fait le pionnier de la civilisation. Il profite des moyens que lui procure le développement de cette civilisation pour lui chercher de nouveaux éléments de perfectionnement.

Si les relations commerciales ont donné aux diverses nations des avantages incontestables, elles ont aussi produit un résultat qui ne peut être regardé comme sans influence sur les esprits. Les nations ont été, par suite des besoins nouveaux que les échanges pratiqués entre elles ont fait naître, rendues presque toutes, et sous certains rapports, tributaires les unes des autres.

Car, s'il serait faux de dire, en thèse générale, que chaque nation a une branche d'in-

5

dustrie, de commerce, qui lui est exclusivement propre, il est incontestable que certains
pays produisent en plus grandes quantités
que d'autres certaines matières commerçables. On ne peut nier aussi que l'industrie
plus développée de certaines contrées ne
rende indispensables leurs rapports avec
celles qui sont moins industrieuses ou moins
heureusement partagées. Le pays qui a une
production ne suffisant pas à nourrir sa population ou à subvenir aux besoins de son
industrie est forcément obligé de recourir à
ses voisins.

Il y a là une situation qui ne fera que s'accentuer et dont les conséquences devront donc
être de plus en plus marquées.

La France, un des pays les plus riches et
les mieux pourvus des choses si diverses nécessaires à une société, est un exemple de ce
que nous avançons. Son industrie croît chaque
jour, et sa production houillère, sans rester
stationnaire, ne se trouve pas suffisante pour
la consosommation du pays. Aussi nous
trouvons-nous en cela tributaires de la Bel-
gique et de l'Angleterre, pour ne parler que

de nos voisins les plus riches en cette matière. Les blés, dont nous sommes cependant bien pourvus, sont loin de suffire toujours à l'alimentation de la population; aussi en importe-t-on chez nous de la Hongrie, de la Russie méridionale. En revanche, nos vins, uniques au monde, nous créent sur les autres peuples une sorte de suzeraineté. Par ces échanges actifs de denrées de toutes espèces, l'on peut éviter des famines et en même temps utiliser des produits qui jadis se perdaient quand les récoltes étaient abondantes.

Autrefois, quand le commerce était presque tout intérieur, que la population était moins dense, l'industrie dans l'enfance et les besoins des hommes de l'époque moins grands que ceux des générations modernes, la France se suffisait mieux à elle-même; et n'ayant besoin de personne, elle pouvait se croire plus indépendante qu'aujourd'hui, et ménager moins des voisins dont elle ne sentait pas l'utilité économique.

La prospérité générale, qui développe chez les individus l'esprit d'indépendance, lie, en quelque sorte, la société de telle manière, qu'elle lui fait supporter parfois, au nom de l'intérêt général, ce qui, alors que ses membres pris en particulier étaient moins avides d'avoir toute liberté, eût semblé à la masse contraire à son avantage et à son honneur.

La prospérité générale d'aujourd'hui a créé une subordination réciproque, conséquence naturelle de l'exagération des besoins que se créent chaque jour nos sociétés actuelles.

Mais cette voix de l'intérêt a produit une amélioration dans les rapports entre étrangers. Les parties contractantes sont amenées, au cours de leurs opérations commerciales, à se rendre dans leurs pays respectifs. Bien accueillis sur un sol qui les effrayait, ou retenus par leur intérêt sur un territoire peu hospitalier dans les débuts, les négociants forment souche d'une petite colonie égarée loin de la mère-patrie. Les Anglais sont nos maîtres sur ce point, quittant plus aisément une température et un sol moins heureux que les nôtres.

Des alliances entre les représentants des

races implantées nouvellement dans une contrée et les habitants de cette contrée se nouent naturellement après un temps plus ou moins long. L'affection vient s'ajouter à l'intérêt pour cimenter les liens qui unissent les deux pays.

Le perfectionnement rapide des moyens de transport, des routes et des véhicules, ont donné au commerce un essor puissant, et ont ainsi permis à un grand nombre de gens d'utiliser leurs loisirs à visiter les pays autres que le leur. Charmés des agréments et des avantages de certaines localités, ils laissent le sol natal pour se fixer au lieu qui semble le mieux répondre à leurs désirs. De là une source de confusion, de mélange et d'union des représentants des diverses nationalités.

L'invention de la vapeur a amené le cosmopolitisme. Quel spectacle plus étrange que celui d'un port de mer important! On y entend toutes les langues, on y coudoie tous les types, on y voit les représentants des races les plus diverses vivant de la même vie, s'estimant, animés souvent d'inspirations identiques, reconnaissant que leurs besoins d'hommes sont les mêmes, que placés dans des milieux différents ils n'en ont pas moins leur valeur propre. Souvent on trouvera plus de charme à la société d'un étranger qu'à celle de ses compatriotes. Il est difficile qu'au milieu d'une fréquentation journalière d'hommes contre lesquels on ne nourrit aucun sentiment d'animosité individuelle, les causes qui donnèrent au sentiment national tant de force ne perdent pas un peu de leur influence. Et l'on peut s'expliquer, sans toutefois l'excuser, que des esprits exagérés traitent le patriotisme de chose brutale dans ses résultats, d'idée étroite au milieu des théories humanitaires.

Ils prennent le mélange pour de la fusion, et ils oublient qu'en dépit des rapports personnels les plus suivis avec des étrangers, chacun tient encore beaucoup à sa nationalité, si peu glorieuse qu'elle soit. Et c'est là un haut sentiment que l'on doit s'efforcer de garder vigoureux et inébranlable.

Le sentiment national est resté marqué d'une façon plus frappante chez l'Anglais que chez le Français. Le premier met ses com-

patriotes avant tout, et s'il accomplit quelque
œuvre remarquable, il est fier de dire qu'un
Anglais seul pouvait le faire. Ce qu'il y a d'exclusif dans son caractère ne manque, assurément, ni de grandeur ni de noblesse même.

Les Anglais se considèrent comme solidaires les uns des autres, responsables en
quelque sorte des fautes de l'un d'eux, comme honorés particulièrement de ses succès.
Ils tiennent à élever toujours le nom de l'Angleterre. Les moyens sont souvent entachés
d'égoïsme ; leur politique extérieure en est
la preuve.

Plus généreux par nature, mais sachant
moins calculer, le Français a le tort de ne
pas toujours agir ainsi ; et il en est victime.
Epris tout d'un coup d'une folle passion pour
une idée, poussé par elle, il se compromet
pour un peuple, sans songer assez à son intérêt. On sait ce qui lui en coûte. Mais, passons.

Ainsi donc, la facilté des communications
a développé le commerce, trait d'union entre
les peuples, et rendu possibles et fréquents
même des mariages entre gens de nationalités
diverses.

On peut comprendre qu'un Français, allié par exemple à une famille anglaise ou allemande, voie avec regret des hostilités surgir entre la France et l'un ou l'autre de ces états; on peut comprendre que son patriotisme se trouve affaibli, et que, partagé entre ses affections et ses devoirs civiques, ceux-ci en souffrent, quelque crime que l'on puisse d'ailleurs voir en une pareille conduite.

Les grands efforts guerriers ont été jusqu'alors les preuves les plus frappantes de l'amour de la patrie. Ils exigent en effet l'esprit de sacrifice de soi-même et de ceux qui vous sont chers. Ce n'est pas que nous croyions les idées belliqueuses inséparables des idées de patriotisme; mais elles sont pour ces dernières un puissant excitant. Elles les empêchent de s'assoupir. Elles ont aussi leurs dangers; toutefois il est certain que, chez nous, elles sont les plus aptes à contenir l'expansion des sentiments égoïstes. Le patriotisme, pour n'être point l'adversaire de l'intérêt personnel, ne laisse pas de le contrarier.

Dans notre siècle, où la richesse tend à

donner à chaque individu une force toujours croissante pour acquérir le bien-être individuel, où par conséquent elle peut lui sembler un moyen d'échapper à la gêne que lui imposent les règles sociales en changeant à son gré de milieu, tous les efforts se portent vers l'acquisition de cette richesse pour en jouir ensuite le plus tôt possible.

Entré dans cette voie, dans laquelle il croit pouvoir s'arrêter aisément, l'homme se trouve entraîné à de fatales conséquences, que sa conscience ne sait même plus entrevoir. Porté en avant par le désir de jouir, il trouve, pour ainsi dire sans les chercher, des motifs plus que suffisants pour innocenter sa conduite. Car ce qu'il appelle sa conscience peut bien ne plus être aujourd'hui ce qu'elle était hier, et changer encore demain.

Nous voyons une manifestation suffisamment grave de ce que nous avançons dans les agitations socialistes, dans les aspirations de la classe ouvrière. Le socialisme n'est point un fantôme; il est bien réel. Que ses progrès se soient ralentis, nous ne le contesterons pas. Mais ce n'est sans doute que pour un temps.

5.

La question sociale est toujours brûlante et pourra le demeurer longtemps encore, quoique pendante depuis bien des années. La lutte entre ceux qui possèdent et ceux qui voudraient jouir n'est point de celles qui se peuvent clore par un seul triomphe ou un seul échec. La rivalité de l'envie et de la satisfaction est aussi vieille que le monde; ce n'est point en l'état social actuel qu'elle peut s'éteindre.

Les aspirations de la classe ouvrière, excitées et utilisées par les ambitieux de tous genres, devenant chaque jour plus impérieuses et plus dominantes, ont amené les *travailleurs* de tous les pays à s'entendre entre eux. Pour donner à leurs réclamations plus de puissance, ils ont résolu de se soutenir les uns les autres et de poursuivre, de concert, la réalisation de leur but commun. Ils se sont soumis à des chefs, à des comités directeurs scrupuleusement obéis, et ont ainsi constitué l'Internationale, sorte d'état composé d'autant de provinces qu'il y a au monde de nationalités différentes, ayant son intérêt collectif au détriment de celui des divers pays.

Il est hors de doute que le sentiment national se trouve forcément fort ébranlé en présence d'une association dont le but avoué est
le renversement de tout ce qui tient au passé
et de l'organisation politique et sociale actuelle.

Subordonné à un pouvoir autre que celui
de la nation, l'ouvrier français affilié à l'Internationale ne s'appartient plus, n'est plus
libre de ses sentiments. Ayant consenti à
n'être plus qu'un instrument dirigé par des
mains impitoyables au service d'esprits sans
scrupules, il devient internationaliste avant
que d'être Français.

Du reste, il est poussé plus aisément dans
cette voie par les théories philosophiques et
philantropiques qui se sont répandues dans
la société. Elles ont un côté séduisant, il faut
en convenir; mais, mal comprises, elles deviennent subversives. Nous voulons parler
des idées humanitaires de confraternité des
peuples. Des esprits chimériques et de bonne
foi s'en sont faits les propagateurs; mais le
plus grand nombre de ceux qui les prônent
le font avec l'arrière-pensée de les transformer en drapeau, en armes d'opposition.

C'est pour eux une réclame, et rien que cela.

Mais quelle que soit l'intention qui préside à leur intronisation dans l'esprit public, elles ne laissent pas que d'avoir une influence. « Nous sommes tous frères. Je ne veux pas « défendre mon pays contre mes frères qui « ne veulent pas m'attaquer, mais qui sont « obligés par les riches et les aristocrates « d'exposer leur vie pour le plus grand avan- « tage de ces derniers. Nous sommes tous « frères. Ce sont les gouvernements seuls « qui veulent la guerre. » Voilà ce que pen- sent les gens assez naïfs pour se laisser en- traîner par les rêveries humanitaires, venues d'ailleurs fort à propos pour blanchir à leurs propres yeux leur façon de soutenir leurs intérêts à l'encontre de leurs concitoyens.

Singulier résultat produit par les idées philantropiques, que celui qui consiste à faire voir l'ennemi dans l'homme auquel on est uni par la communauté de race, de langue, d'origine, de caractère, et un ami dans l'homme né au loin, dans un pays étranger, au milieu d'une société différente. Il suffit

qu'il y ait communauté d'intérêt, ou plutôt
apparence de communauté, pour qu'il y ait
union.'

L'ennemi de l'ouvrier, c'est le capital et
par suite celui qui en est le détenteur. Lui
dût-on reconnaissance pour mille bienfaits,
on doit le combattre. C'est le mot d'ordre :
« Guerre à la propriété avec l'aide de nos
frères, Allemands, Anglais, Belges ou autres ! »

Il est certain qu'avec le cerveau troublé
de ces théories, essentiellement opposées à
l'idée de nationalité, l'ouvrier français ne
songera pas autant qu'autrefois à la grandeur
de son pays. Il n'y applaudira même de bon
cœur que si c'est pour lui un moyen d'arriver
à satisfaire ses ambitions.

Une telle tendance est assurément périlleuse et doit être combattue par tous les
moyens. Aujourd'hui elle n'est point encore
telle qu'elle puisse mettre en péril la nationalité française. Mais faisant des progrès, hélas !
trop rapides, un jour pourrait venir où la
scission du pays serait opérée comme en deux
parts distinctes.

Ainsi donc, et pour nous résumer, il nous

paraît incontestable que le sentiment national a subi des atteintes, quoiqu'il survive encore, prêt à se retrouver au moment du péril.
L'esprit de nationalité s'est trouvé affaibli par
suite des relations de plus en plus fréquentes
entre les divers pays et des intérêts commerciaux devenus les maîtres de la situation. Il
se trouve menacé, et d'une manière plus fâcheuse, par l'union, en voie de consolidation,
des classes ouvrières des diverses parties du
monde, et par l'exagération de certaines
théories.

Ne peut-on rien faire pour enrayer ce mouvement? Il est impossible de porter remède
aux inconvénients qui peuvent résulter, en
ce qui nous occupe, de la situation économique du globe. Cette cause, selon nous, ne
fera que s'accuser davantage. D'ailleurs,
apaisant les défiances et établissant la con-
nexité intime de tous les intérêts, elle ne mérite pas d'être combattue. Elle facilite les relations et est un progrès dans la voie de la
pacification générale.

C'est là une fantasmagorie, caressée par
bien des amoureux de l'idéal. La paix univer-.

selle dans la république universelle! Est-il possible d'arriver jamais à ce résultat? Nous avouons, en ce qui nous concerne, n'en point découvrir le moyen, même pour l'avenir le plus reculé. Nous désirons nous tromper; mais nous n'en gardons pas moins notre opinion.

Nous ne pouvons nous représenter l'espèce humaine, en dépit des passions qui l'agitent, vivant paisible et sans luttes sanglantes. Nous voulons croire que les guerres seront moins fréquentes qu'autrefois; qu'elles ne s'entreprendront plus aussi facilement pour de simples questions d'amour-propre, et que l'on ne sacrifiera plus aussi aisément l'intérêt d'un peuple à l'éclat de son nom. Devenus plus positifs que par le passé, les peuples gagneront en repos ce qu'ils perdront en gloire.

Quel que soit l'avenir qui est réservé à l'humanité, le présent n'en est pas moins fort loin de l'âge d'or de la confraternité générale. Si en France on se laisse aller facilement à des théories généreuses, que l'on prenne la peine de regarder autour de soi, et l'on verra que tous les peuples tiennent à

leur nationalité : l'Allemand à la patrie allemande, l'Italien à la patrie italienne, et que la
fraternité actuelle, tout en étant loin de l'hostilité des temps anciens, n'est qu'une fraternité armée.

« Ma patrie, à moi, dit le membre de l'In-
« ternationale, c'est l'univers. Je ne suis ni
« un Français ni autre chose. Je suis homme,
« mis sur la terre pour jouir de l'existence.
« Loin de moi tout ce qui fait obstacle à mes
« appétits. »

Là nous trouvons une tendance qu'il faut
combattre; il est du devoir des gouvernements d'y résister. Car si elle a des dangers,
elle n'a en revanche aucun avantage à offrir
en compensation à la société. Elle ne peut
avoir pour conséquence, actuellement, que
d'apporter des entraves à l'industrie et au
commerce, que de causer des embarras dont
ceux-là même qui y sont affiliés sont les plus
directement atteints.

Il reste encore assez de gens tenant à leur
patrie pour arrêter les exploits des agitateurs
cosmopolites, et pour leur rappeler qu'il est
une France qui ne permet pas qu'on la rejette..

Nous avons dit quelques mots, au commencement de ce chapitre, de l'empire romain, pensant qu'il était possible d'en tirer quelque enseignement pour la société contemporaine.

Et, en effet, de la marche décroissante du patriotisme chez les Romains au fur et à mesure que leurs richesses augmentaient, on peut conclure que l'accroissement du bien-être est un danger plus qu'un bien pour les sociétés. Ce qui tend à servir l'individualité se trouve nuire à la collectivité.

En France, bien plus que dans d'autres régions, la prospérité matérielle se trouve répandue presque égalitairement. Il y a péril dans cette richesse démocratisée; qu'on ne l'oublie pas. Or, comme il semble difficile de neutraliser les effets d'un tel état social, de n'en recueillir que les avantages en en écartant les dangers, il est du devoir de ceux qui aspirent à diriger le pays de veiller avec un soin jaloux à ce que des théories malheureuses ne viennent pas encore activer la tendance, en lui fournissant des excuses basées sur l'*utilité* au mépris de la morale.

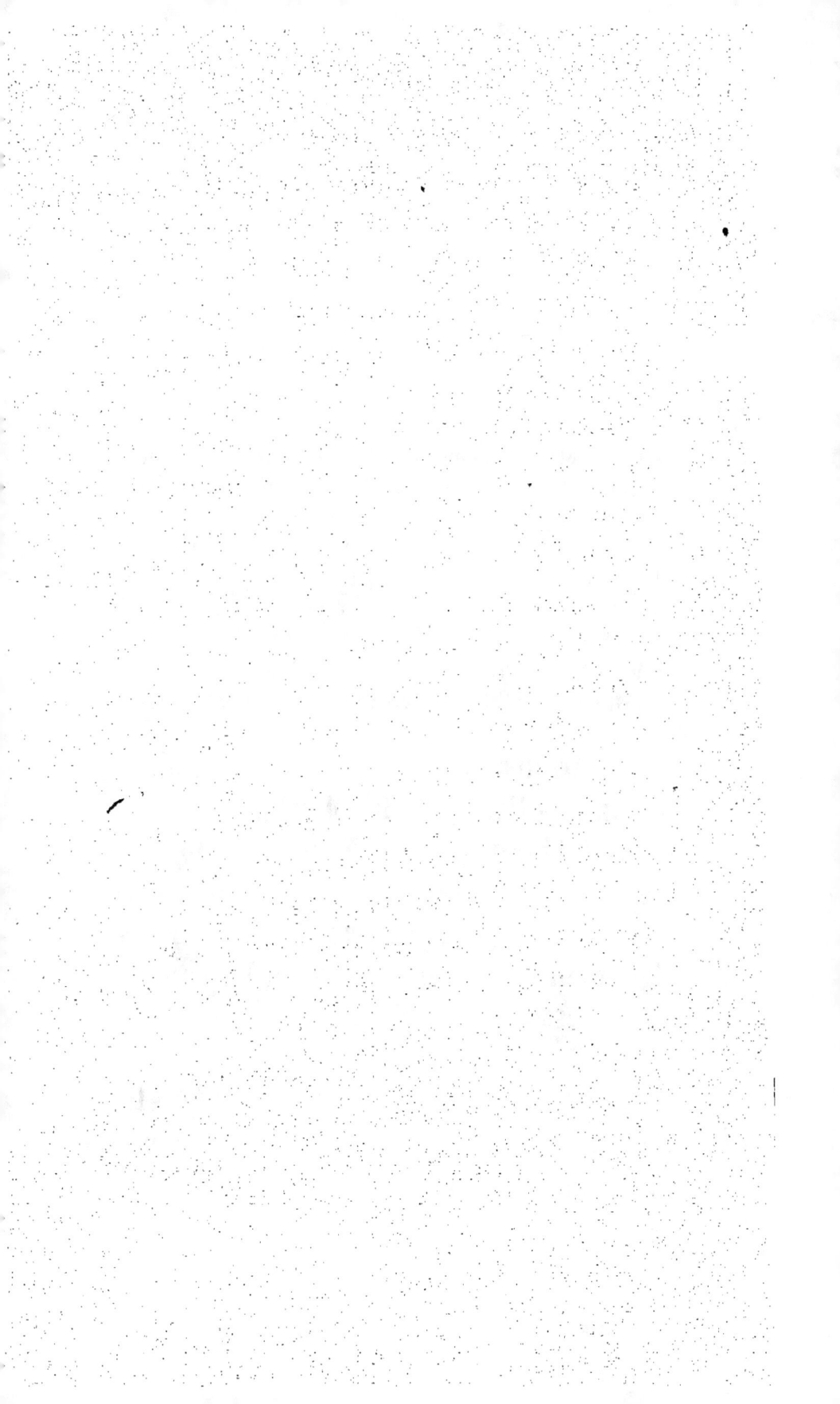

CHAPITRE III

L'Esprit religieux

L'idée de patrie et l'idée de Dieu. — La foi et la pratique.
— L'état actuel. — L'effet des révolutions. — La philosophie. — Influence de la discussion sur les croyances.
— La religion employée comme instrument de politique.
— L'indifférence. — Les efforts du clergé. — Le catholicisme et les appétits. — L'ultramontanisme et la fraternité des peuples. — L'esprit dominant des religions
et les aspirations d'indépendance absolue. — Les préjugés. — La liberté de conscience et la libre pensée.

Le patriotisme trouve généralement un
puissant soutien dans la foi religieuse. Frein
imposé à l'homme pour l'empêcher de suivre
tous ses penchants à l'exclusion de ses devoirs, une religion porte toujours en ses enseignements quelque chose qui le pousse au
désintéressement, qui l'accoutume à l'esprit
de sacrifice.

Aujourd'hui, si l'on est porté à ne plus faire
assez de cas de l'idée de patrie, on fait encore meilleur marché de l'idée de Dieu. Un

Dieu qui dicte aux hommes des lois et leur impose des devoirs, est assurément une gêne dans tous les temps et pour tous ceux qui veulent avant tout satisfaire leurs faiblesses.

D'abord on le craint et on obéit ; plus tard on s'affranchit de l'obéissance et on attaque celui qui la prêche. On s'insurge contre le prêtre, on s'arme de tous les torts qu'il a pu avoir ; on les tourne contre Dieu. On en rit, on le nie, puis on l'oublie.

Aujourd'hui on n'est plus retenu par la crainte. On trouve encore, cependant, des restes de foi au milieu d'hommes qui ne se préoccupent même plus de la loi religieuse, si ce n'est, ou pour constater qu'elle est sans influence, ou pour la repousser comme un obstacle.

Il y a dans les pratiques religieuses, encore observées aujourd'hui, beaucoup d'habitude et de respect des convenances. C'est incontestablement chose importante que le respect des convenances et de l'observance des formes. Mais, de simples manifestations tout extérieures ne peuvent suffire en matière de religion. Sans doute, la foi peut, à la

rigueur, exister sans une pratique quelconque ; toutefois la pratique l'entretient, la
réveille. Du reste ce n'est que pour des esprits cultivés, heureusement éclairés, que la
foi peut se concevoir seule et toute intime.
Mais pour le peuple, les pratiques religieuses
ne se confondent-elles pas avec la religion
elle-même, ne sont-elles pas tout ? Les re-
présentations naïves de la divinité ne disent-
elles pas plus à l'esprit d'un homme ignorant
que toutes les théories les plus frappantes,
malgré leur abstraction ?

Quand ceux qui, par leur situation, sont à
même d'avoir quelque influence sur les masses, tiennent à pratiquer seulement pour ne
pas donner un exemple qu'ils jugent funeste,
ils sont bien près de rompre tout à fait avec
la loi religieuse. Car, si la foi peut vivre sans
la pratique, la pratique sans la foi n'a plus
de raison d'être et ne se trouve fournir que
des facilités à l'étalage de l'hypocrisie.

Ce n'est pas que nous voulions prétendre
à l'hypocrisie générale. Nous sommes loin
de croire à l'incrédulité de tous. Mais il nous
paraît que, lorsque la foi ne se fait plus sen-

tir dans la conduite d'un homme, quand la règle religieuse n'est plus qu'une question de forme, et quand ce symptôme est évident chez un grand nombre, il en résulte naturellement une défiance contre la religion même.

Assurément, c'est un tort de juger une religion d'après les adeptes vicieux qu'elle peut renfermer, de la juger d'après les faux dévots. Mais, en somme, n'est-ce point ainsi que tout se juge ici-bas dans le public. Ne voit-on point tout par les extrêmes et ne fait-on point la règle de ce qui n'est qu'exception? Ne voit-on pas seulement le côté bon ou mauvais d'une chose selon qu'on l'aime ou qu'on la repousse de parti pris?

C'est bien ce qui se passe encore de nos jours. Les adversaires de la religion la représentent comme l'asile des *Tartuffes*, aujourd'hui nommés *Jésuites*. Ceux qui veulent défendre la religion voient au contraire sincérité partout, ou du moins le disent. Oui, chez beaucoup de gens il y a encore de la sincérité; mais il en est aussi chez qui il y a du calcul. Mais, de ce que ces derniers trouvent un moyen dans la religion, trouvent un masque, il ne s'ensuit pas qu'elle soit mauvaise et l'asile de tous les vices. Chose grande et noble, elle ne se trouve pas avilie pour être employée à masquer l'infamie.

La puissance de la foi est loin d'être aujourd'hui ce qu'elle était il y a seulement un siècle. Les pratiques ont gagné parmi les classes riches, parmi celles pour qui elles sont moins indispensables que pour l'homme pauvre et ignorant, vivant plus par les yeux que par l'esprit, et qui, se défiant du prêtre et riant des cérémonies du culte, ne croit plus en Dieu et méprise ses lois.

La France ne se trouve pas, en ses diverses régions, dans la même situation au point de vue des croyances religieuses. Dans certaines parties, elles ont conservé presque toute leur force; dans d'autres, elles sont presque oubliées. Mais celles-ci sont bien près d'être les plus nombreuses.

Un parti politique, que nous n'avons pas besoin de nommer, s'est fait l'adversaire de la religion et surtout du prêtre. Ailleurs, si on ne l'attaque pas, on la soutient faible-

ment en somme. Elle a aussi quelques chauds
défenseurs qui, souvent, la défendent avec
une maladresse nuisible à ses intérêts.

Beaucoup de ceux qui se feraient un scrupule de l'injurier ne se font pas faute d'ap-
plaudir aux traits qui lui sont décochés par
d'autres. La croyant encore puissante, les uns
craignent de se compromettre en y touchant,
les autres, mus par un sentiment plus élevé,
ne veulent pas agir activement dans le renversement de ce qui leur semble le palladium
social; ils repoussent ses règles, mais les
trouvent nécessaires pour maintenir leurs
semblables dans le respect de ce qui est.

Toutefois, il est juste de déclarer qu'il est
grand nombre de personnes qui, tièdes et
même sourdement hostiles, à un moment
donné, se dresseraient en énergiques défenseurs du catholicisme contre ceux qui, voulant le jeter bas, seraient alors au pouvoir. Le
moyen le plus sûr de redonner au catholicisme une nouvelle vigueur serait de le combattre réellement. Il trouverait là, au milieu
de nos esprits amoureux de l'opposition, une
source de réveil pour les sympathies cléri-

cales. La foi n'en saurait, sans doute, redeve-
nir ce qu'elle fut jadis; mais elle gagnerait
sûrement beaucoup plus qu'elle ne risquerait
de perdre. Elle supporterait moins vaillamment la lutte qu'à ses premières années;
mais certainement elle n'y succomberait pas
comme, selon les opinions, on paraît le
craindre, le croire ou l'espérer.

L'état actuel est le résultat d'efforts depuis
longtemps portés à miner l'influence religieuse, qui a contre elle « l'effet du raisonnement, la diffusion des sciences positives et
les attaques de la philosophie (1). » A côté de
ces adversaires d'un ordre tout moral, on peut
placer le développement de la richesse générale qui agit en matière de croyance comme
en matière de patriotisme, poussant à rechercher les satisfactions avant que de songer
à l'accomplissement du devoir.

La révolution de 1789 a porté à la foi religieuse un coup violent, et les philosophes de
l'époque n'ont pas peu contribué à déraciner

_____

(1) *La France nouvelle,* de M. Prévost-Paradol, p. 353.

dans le peuple les sentiments chrétiens. Parmi les classes inférieures, flattées dans leurs intérêts par des doctrines qu'elles comprenaient mal et dont elles exagéraient la portée, l'idée religieuse, présentée comme ennemie, sombra tout d'un coup pour renaître un peu plus tard, mais très amoindrie.

Les *réformateurs* d'il y a quelque quatre-vingts ans trouvaient dans le catholicisme un obstacle à leurs desseins; et, chez ceux-là même qui n'étaient point anti-religieux, la passion politique ne permettant pas de discerner les moyens employés pour arriver à un but considéré comme souverain, il se produisait une antipathie pour les représentants de la foi et, par suite, pour la foi elle-même.

Le premier empire se montra défenseur de la religion, mais défenseur qui voulait échapper à son influence et même lui faire sentir son autorité.

Il ne réussit qu'à demi dans ses deux tâches.

La Restauration essaya de donner au clergé une influence importante; elle échoua, et la monarchie de juillet se garda de l'imiter, et suivit un courant qu'elle ne se sentait pas en état de remonter seule.

Sous ce règne de la bourgeoisie sceptique, si les pratiques dévotieuses ne se ralentirent pas trop, tout au moins l'indifférence pénétra de plus en plus dans la classe moyenne.

Le second empire était impuissant à ranimer une foi incessamment battue en brèche par les libéraux qui ont pris le clergé à partie, qui avaient, en 1848, tourné leur influence tout entière contre lui et animé la classe inférieure de sentiments très hostiles à son égard.

On en est arrivé à ce point que le simple soupçon de cléricalisme suffit pour écarter d'un homme la confiance qu'il inspirait; c'est l'état d'aujourd'hui.

Au milieu des nombreuses commotions que la France a traversées, il était difficile que l'esprit religieux pût se conserver intact. Tous les bouleversements politiques ont pour effet premier d'exciter les citoyens les uns contre les autres, de les pousser à la défiance et à la haine même les uns des autres. Se haïssant, ils en viennent bientôt, par un esprit d'hosti-

lité mutuelle, à repousser et à combattre des
idées sur lesquelles, en un temps de calme,
ils eussent été parfaitement d'accord. La religion est de ces choses qui, quoiqu'en dehors de la politique par son essence, s'y trouve
confondue à raison de son importance même.
Elle devient une arme offensive pour les uns,
défensive pour les autres, épée ou bouclier
qui perd autant, dans ces conditions, à donner des coups qu'à en recevoir. Quand le calme
renaît, les dissensions s'apaisent, la politique
reprend son cours et la religion continue son
œuvre, mais discréditée plus ou moins.

Et nous ne parlons pas seulement des révolutions où, comme aujourd'hui, elle est spécialement attaquée ; car, dans les agitations
d'autrefois, où elle n'était pas en cause, soit
directement, soit en la personne de ses ministres, son nom venait cependant à être prononcé, sans profit souvent, et jamais sans
inconvénient. Mais ce n'est que peu à peu
que l'effet devint sensible, croissant avec le
nombre des révolutions.

Quand un coup lui eut été porté ainsi, se
répandit la philosophie, jusqu'alors tenue en

bride par le pouvoir et en suspicion par le public. Elle vint, par ses théories, battre en brèche plus sérieusement encore l'influence catholique.

Comme dans tous les temps il y a des mécontents et des ambitieux qui désirent des changements, il fut aisé aux théories philosophiques de faire leur chemin, adoptées entièrement ou partiellement par quelques personnes d'abord, puis par un nombre plus grand et grandissant chaque jour.

La hardiesse des philosophes croissait en raison de la force que leur donnait le plus ou moins de sympathie qu'ils provoquaient. Et, le sentiment public s'habituant à des théories qu'un peu plus tôt il eût répudiées comme subversives, gagné à une philosophie qui grandissait l'homme en le montrant plus indépendant, encourageait les attaques, indirectes d'abord, contre ce à quoi on croyait toujours. Puis, ce qu'on n'avait d'abord osé que blâmer, on le proclamait mauvais sans rémission, sous l'influence d'esprits entreprenants dont l'état de l'opinion générale était en quelque sorte le complice.

6.

Ainsi, la philosophie se rend peu à peu acceptable; elle grandit au milieu d'une approbation tacite, jusqu'au jour où elle se trouve elle-même comme effrayée de son œuvre, en face d'un abîme qu'elle a creusé la première. Ses adeptes ont exagéré ses doctrines, en ont fait des instruments assouplis aux écarts de la passion, et il se trouve qu'au lieu d'arriver au vrai, on tombe dans un chaos; chaos, qui, il est vrai, ne sera pas éternel, mais n'en pèse pas moins sur les générations appelées à le traverser.

Dans la cohue des opinions qui partagent les esprits, la lumière se fait difficilement. Chacun discute à son point de vue sur des sujets que, souvent, il connait peu ou pas.

Une religion, chose de croyance, basée sur le respect de la parole divine, résiste difficilement aux recherches qui sont faites pour l'expliquer. Si les hommes bien convaincus, bien arrêtés dans leur foi religieuse, trouvent dans la discussion un moyen de fortifier leur conviction, il n'en est pas de même de ceux qui, voulant tout ramener au niveau de leur raisonnement, rejettent de prime abord tout ce qui leur semble entaché de mystère.

Les théologiens trouvent dans leur propre science de puissants arguments en faveur de la religion ; mais le vulgaire, peu apte à comprendre les théories de cette espèce, trouvera de son côté de graves défectuosités dans la preuve tirée des livres sacrés. Celui qui les attaquera lui semblera le plus digne d'être écouté. Tenant à discuter, nous le voulons bien, sans être en état de le faire, il s'en tiendra à son bon sens ou à ce qu'il regardera comme tel, et tout ce qui sera en dehors des lois naturelles se verra accueilli par un sourire d'incrédulité.

Aujourd'hui que l'on veut tout expliquer, parce que l'on est parvenu à trouver la solution de questions jadis considérées comme impénétrables et décorées du nom de mystères, on pousse partout les recherches, espérant forcer l'univers à dévoiler son secret.

Il est bien peu probable que cette tendance à vouloir lever tous les voiles aille en diminuant; ce qui se peut atténuer, c'est l'espèce d'animosité qui se remarque dans ces sortes d'investigations tournées, pour la plupart, contre l'idée divine. La passion qu'on y met à un moment donné peut ne pas s'éterniser. Il est vraisemblable qu'il en sera ainsi.

A cette action de la philosophie, à cette influence de la discussion sur la foi religieuse vient s'ajouter une autre cause d'affaiblissement. C'est celle qui résulte de ce penchant des partis politiques à utiliser la religion, à s'appuyer sur elle ou à l'attaquer.

Nous disions, quelques pages plus haut, qu'il est difficile de séparer entièrement les croyances des questions de gouvernement, et nous ajoutions qu'il en résultait de graves inconvénients. Que l'on juge de ceux qui peuvent sortir d'une situation où la religion descend à l'état de moyen, où elle se trouve par conséquent sacrifiée au besoin présent d'une cause particulière.

Ce n'est pas d'aujourd'hui seulement qu'on l'emploie à de tels usages. Dans les agitations qui ont marqué les divers siècles qu'a parcourus notre existence nationale, on peut remarquer que la religion a souvent servi de prétexte pour déguiser la poursuite de plans

tout opposés à son intérêt. Le clergé, heureux de faire sentir son influence, acceptait
les occasions qu'on lui offrait d'entrer en lice,
ne voyant que les avantages du moment et
n'ayant pas l'intuition des inconvénients de
l'avenir. Il se trouvait d'ailleurs, et en raison
même de sa plus grande influence, plus mêlé
à la conduite des affaires gouvernementales
qu'il ne l'est aujourd'hui. Des représentants
du haut clergé ne craignirent pas, pour faciliter leur politique ministérielle, de faire appel au secours de la foi même, l'exposant
ainsi à des attaques confondues avec celles
qui ne s'adressaient qu'à leur personne.

Maintenant que l'on veut tenir le clergé
bien loin de la politique, on ne se fait pas
faute cependant de recourir à son influence
ou de s'appuyer sur la défiance qu'il peut
inspirer. On s'efforce de séparer les prêtres
de la religion; pour détruire le prestige du
clergé, pour en détacher ceux qui le res-
pectent comme représentant de la loi divine,
on s'efforce de répéter que l'on ne veut que
l'empêcher de se mêler aux choses de la politique, et l'on va jusqu'à dire qu'il ne fait de

la religion qu'un instrument de parti, qu'elle n'est que le drapeau d'une faction.

On a provoqué des fantômes de périls, grandis par l'explosion des appétits; on a montré au peuple, qui rejette les mystères qu'il ne peut expliquer, une fantasmagorie de machinations ténébreuses, non moins inexplicables. On a proclamé que le prêtre était l'artisan du mal public; et l'on s'étonne que la croyance en Dieu s'en soit trouvée ébranlée! C'était incontestablement le plus sûr moyen d'obtenir ce résultat que d'agir ou de laisser agir comme on l'a fait.

Mais comment empêcher un mal que l'on ne voit pas, que l'on ne peut comprendre? Comment s'intéresser à une chose qui laisse indifférents le plus grand nombre? Le plus dangereux ennemi du catholicisme, c'est bien cette indifférence qui, ne se sentant pas elle-même, ne peut être secouée que dans les rares instants où ceux qui en sont atteints s'en peuvent rendre compte.

On triomphe de ses antipathies, de ses propres intérêts, mais on ne triomphe pas de son indifférence.

Le scepticisme, auquel le Français a quelque penchant, l'a amené à cet état où l'on se désintéresse absolument d'une question que l'on croyait vitale et que l'on a cessé de regarder comme ayant la moindre importance.

Nous n'en sommes pas absolument au point que Bossuet entrevoyait dans l'avenir : « Je « prévois que les libertins et les esprits forts « pourront être discrédités, non par aucune « horreur de leurs sentiments, mais parce « qu'on tiendra tout dans l'indifférence, « excepté les plaisirs » (1).

Avouons que si nous n'y sommes pas encore arrivés, nous sommes en bon chemin pour atteindre, à bref délai, cet état d'oubli des devoirs au nom de l'intérêt.

Le sens moral n'est point mort; il a incontestablement subi une perversion partielle qui n'est peut-être pas inguérissable. Il ne faut pas oublier que « les masses agissent « toujours conformément à ce qu'elles croient,

_____

(1) Sermon pour le deuxième Dimanche de l'Avent.

« parce que les passions de la multitude sont
« elles-mêmes déterminées par ses croyances.
« Si la croyance est pure et vraie, la tendance
« générale des actions est droite et en harmo-
« nie avec l'ordre; si la croyance est erro-
« née, les actions au contraire se dépravent...
« Il suit de là, premièrement, qu'à l'égard de
« la société, il n'y a point de doctrine indiffé-
« rente, en religion, en morale, en politique;
« secondement, que l'indifférence, considé-
« rée comme un état permanent de l'âme,
« est opposée à la nature de l'homme et des-
« tructive de son être. » (1)

Il n'est pas nécessaire que l'indifférence
arrive au degré dont parle Lamennais pour
constituer un grave danger et causer à la société les difficultés les plus grandes, en ayant
sur le sens moral la plus funeste influence,
en contribuant à l'égarer, le laissant pour
ainsi dire se perdre entre le bien et le mal,
sans aller positivement ni à l'un ni à l'autre.

Si l'on affecte de se désintéresser des choses

---

(1) Lamennais, *Essai sur l'Indifférence*, t. I, p. 36 et 37.

politiques, de se montrer indifférent aux agitations publiques, c'est tout naturellement, et de soi-même, que l'on se présente vivant maintenant dans une indifférence religieuse assez accentuée pour devenir un danger, ou tout au moins un symptôme inquiétant de l'avenir.

Certes, l'indifférence n'est pas d'aujourd'hui, le scepticisme n'est pas le propre de notre siècle. Ils se sont montrés souvent, sans pour cela qu'une société ait disparu, qu'une nation ait sombré. Mais, à force de revenir de temps à autre, ils finiront par rester les maîtres absolus : c'est alors que le mal serait sans remède.

La véritable indifférence est surtout dominante et dangereuse dans la classe moyenne. Celle-ci sait mieux sauver les apparences que le peuple, qui, ne croyant pas, nie ; elle ne nie pas, elle dédaigne. Il se trouve ainsi que le plus grand danger ne vient pas pour la religion du côté de ceux qui l'attaquent, mais du côté de ceux qui vivent auprès d'elle sans y prendre garde, parce qu'elle n'est même plus pour eux une gêne, parce que toute conviction semble bien morte dans de tels esprits. Ils ne sentent pas le besoin de croire à autre chose qu'à leur intérêt. Ils ne recherchent pas plus l'erreur que la vérité. Le vrai, pour eux, c'est l'utile.

Contre ceux qui nient, il y a encore quelque espérance d'entamer une lutte ; on peut essayer de convaincre des gens qui nient sans grand raisonnement. Le peuple est de ceux-là. Mais la bourgeoisie, plus éclairée, en est arrivée à se faire l'opinion qu'elle croit bonne ou avantageuse, en se basant sur les motifs qu'elle a puisés dans son esprit seul.

Elle raisonne son scepticisme, elle raisonne son indifférence ; fatiguée de la recherche du vrai imposée à chacun par la philosophie, désespérant de le trouver, elle se laisse vivre plutôt que de lutter sans espérance.

Le clergé s'efforce de ranimer la croyance. Mais tout ce qu'il tente pour arriver à ce but semble se tourner plus contre lui que pour lui. Cherchant à ressaisir, par tous les moyens, une influence qu'il sent près de lui échapper, il se trouve de plus en plus compromis dans les questions politiques. Ne fuyant pas la lutte, et d'ailleurs ne pouvant

non plus consentir à rester absolument passif, les succès qu'il peut remporter lui sont,
en fin de compte, plus à désavantage qu'à
profit.

Sa position est assurément délicate, et pour
peu qu'il paraisse obéir à une certaine passion,
naturelle à ses yeux, dangereuse et inconsidérée aux yeux de beaucoup, il perd en un
instant le terrain qu'il avait pu regagner par
une longue patience. Les moindres impru-
dences qu'il peut commettre sont exploitées
avec succès; on ne lui pardonne rien. Les
réactions dans lesquelles se fait sentir sa main
lui causent plus de dommages que les situations où il a le dessous.

S'appuyant sur les restes de la noblesse,
attaché comme elle à certaines idées du passé,
ceux qui le combattent trouvent là le moyen
de le représenter au peuple comme un débris
de la féodalité. La bourgeoisie seule est assez
forte pour le soutenir en face de l'hostilité des
classes ouvrières des villes et même des campagnes; mais ses relations étroites avec l'an-
cienne aristocratie contribuent à écarter de lui
le concours sincère de la classe moyenne, qui

ajoute ainsi une question sociale au motif tiré de son indifférence.

En l'état actuel des choses, le prêtre se trouve porté naturellement du côté du riche qui ne l'attaque ni ne le repousse, s'il ne le soutient pas très effectivement. Il se trouve donc ainsi être un obstacle à la réalisation du progrès, tel qu'il est conçu aujourd'hui.

Retranché dans sa religion, aux règles absolues, il combat naturellement les appétits qui, s'ils ne sont pas la cause immédiate de toutes les révolutions, les poussent du moins à l'exagération et au crime.

Il n'y a que les esprits prévenus, pour ne pas dire de mauvaise foi, qui puissent se refuser à voir qu'aujourd'hui ce qui meut les différentes classes de la société c'est, d'un côté, le désir de ne rien perdre des jouissances matérielles ; de l'autre, la soif exclusive de les acquérir toutes et d'un seul coup.

En un tel conflit, dont le monde a déjà vu, il est vrai, bien des exemples, les idées que peuvent présenter aux consciences les croyances religieuses ne sont que de vaines théories,

gênantes et voilà tout. Celui qui en est le représentant ne se trouverait-il pas déjà amoin-
dri dans son prestige, qu'il aurait peu de
chance d'être écouté.

Car, à une époque où les intérêts sont en
jeu, où la crise est à l'état aigu, tous les
appels à la conscience sont inefficaces. L'ef-
fervescence passée, on reconnaît qu'ils ne
manquaient pas de grandeur; on se promet
d'en tenir compte.

On voit plus juste et l'on reconnaît que les
excès se retournent contre ceux qui s'y sont
laissé entraîner. On avoue que si l'on eût
obéi un peu plus à la loi morale, on eût évité
de graves complications. Alors que l'on souffre
des conséquences de ses torts, on écoute les
voix qui prêchent la charité et le désintéressement..... pour en tirer argument contre ses
adversaires principalement.

Le catholicisme se trouve, armé de sa morale, un adversaire forcé des débordements de
la passion. Mais il ne peut l'éteindre. Et n'étant
plus assez puissant pour se faire craindre, il ne
recueille dans le conflit qu'injures et inimitiés.

Les attaques qui se répètent sans cesse

contre lui ont été facilitées par la doctrine de
l'ultramontanisme, dont on a peut-être un peu
exagéré les conséquences. Jamais l'ultramontanisme n'a été très populaire en France, et
ce n'est pas d'aujourd'hui qu'il soulève des
orages. Bossuet s'en était fait l'adversaire élo-
quent; tout le monde connaît les quatre fa-
meuses propositions qu'il rédigea à l'assemblée du clergé de 1682, à l'occasion des démêlés
du roi avec le pape. Il est bien permis de penser avec lui que le gallicanisme n'aurait pas
pour conséquence de séparer la France de
Rome. Mais il lui assurerait une certaine liberté qui conviendrait mieux à son caractère
que les illusoires chaînes par lesquelles on
croit la pouvoir mieux retenir dans le respect
de Dieu et de son vicaire.

Espérer regagner ainsi le temps perdu,
c'était illusion; aujourd'hui, c'est péril. Ce
lien spirituel qui conserve la France dans une
sorte de dépendance vis-à-vis du Vatican
semble bien plus importun de nos jours qu'il
n'eût pu le paraître au temps de l'évêque de
Meaux.

Dans la masse du public, bien peu de gens

sont à même de juger la portée d'une telle
mesure ; mais on s'en inquiète peu. Et laisse-
rait-elle en réalité le pays aussi peu dépen-
dant de la cour de Rome que le gallicanisme,
qu'on la repousserait encore parce qu'elle a, à
défaut de la réalité, toutes les apparences d'un
instrument de subordination et d'une arme
de combat employée pour faire échec à certaines tendances de l'époque. Nous n'avons
pas qualité pour la juger au fond. Mais nous
constatons que, fût-elle en réalité dépourvue
de toute influence au point de vue politique,
elle produit néanmoins des résultats fâcheux,
parce qu'elle porte en elle quelque chose qui
froisse le sentiment national. Mais, dira-t-on,
le sentiment national s'est affaibli chez ceux-
là même qui se montrent les plus acharnés
adversaires de l'ultramontanisme. Certes,
parmi les souteneurs de la fraternité des peuples, il en est beaucoup qui ne semblent nullement tenir à l'indépendance absolue du pays
et qui, pour satisfaire aux exigences de leurs
opinions, accepteraient volontiers une suprématie étrangère, pourvu qu'elle fût démagogique et révolutionnaire. Il s'en trouve beau-

coup qui, dans leur intérêt, croient bien faire
que d'obéir à un pouvoir autre que le gouvernement national et qui voudraient subordonner ce dernier aux devoirs et aux ordres du
premier. Nous voulons parler de l'Internationale.

Les catholiques ardents, dans l'intérêt de
leur foi, désirent subordonner toutes les au-
torités à celle du pape. C'est bien là une
exagération. Et, en une telle entreprise, ils
seraient très certains d'avoir contre eux l'immense majorité du pays, qui tient de plus en
plus à l'indépendance absolue de l'Etat vis-à-
vis de la papauté, tout en exigeant le respect
des ministres de la religion.

Ceux qui se disent les seuls vrais catholiques ne semblent pas se douter qu'il existe
chez nous la catégorie de personnes dont nous
venons de parler et ont tout l'air de croire
qu'entre eux et l'Internationale il n'existe
rien, il ne peut rien exister.

Ils la proclament croissant chaque jour, et
ils n'ont pas tort; ils voient ses adeptes chercher, *per fas et nefas*, les moyens de rassasier leur cupidité, leur désir de jouissances,

et se proclamer bien haut leurs irréconciliables ennemis.

Le mouvement internationaliste pourra-t-il
être arrêté? On n'en a pas encore trouvé le
moyen. Ceux que l'on emploie produisent souvent un effet tout opposé au résultat cherché.

On ne s'aperçoit pas que pour vouloir résister aux prétentions de ceux qui se liguent dans
tous les pays pour transformer l'ordre social
à leur profit, on emploie des armes qui déplaisent à ceux mêmes que l'on prétend protéger
et qu'on arrive ainsi à ne trouver chez eux
qu'une tolérance empreinte d'hostilité.

On fait tout ce qu'il faut pour leur faire
comprendre qu'on veut les dominer, alors
qu'ils demandent et acceptent volontiers des
secours, mais non pas des maîtres.

On les fait hésiter entre deux partis qui leur
déplaisent : ou se jeter d'un côté avec la cer-
titude d'être obligés d'abdiquer une partie de
leurs aspirations, ou se jeter de l'autre sans
avoir l'espérance de pouvoir modérer ainsi un
mouvement qui les inquiète. On les rend ainsi
hésitants et défiants; et le temps que l'on perd
est mis à profit par ceux que l'on voulait com-

7.

battre. Les difficultés sont ainsi accrues; et, pour se retrancher trop dans une règle de conduite inflexible, on en arrive à faire perdre du terrain à la religion. On semble vouloir en faire quelque chose aux allures irréconciliables. Et alors qu'il serait si opportun d'user de ménagements, on se figure pouvoir reconquérir tout le terrain perdu par la simple promulgation d'un dogme qui, faussement interprété, soulève de fâcheux orages.

Entre l'Internationale qui veut tout détruire, et l'ultramontanisme, qui est bien un instrument de conservation à outrance, un procédé de vie pour des influences allant s'affaiblissant; entre la première qui se met au service des convoitises, et la seconde qui se dit nécessaire surtout pour les combattre; entre l'ultramontanisme, qui veut grouper le clergé et lui assurer une direction unique pour le rendre plus fort, et la première, qui veut détruire l'influence du clergé, il y a antagonisme forcé et acharné.

Le catholicisme, ultramontain ou gallican, aura toujours pour adversaires ceux qui ne veulent tenir compte que de leur intérêt direct;

mais le gallicanisme retiendrait sans doute nombre de gens qu'irritent les tendances ultramontaines.

En tous cas, il eût fourni une arme de moins aux adversaires de la religion. Un autre grief a été exploité contre elle : le mot Syllabus a produit des effets magiques. Les adversaires du clergé en ont largement usé. Ils lui ont fait signifier tout ce qui leur a semblé nécessaire au besoin de leur cause. Grâce à eux, on s'en fait un monstre. On y voit une tendance à l'asservissement des peuples par la religion; on y croit deviner tous les périls. On le représente comme destiné à replonger l'esprit humain dans les ténèbres; on le combat comme ces maux d'autant plus redoutables qu'ils échappent à l'analyse et que l'imagination seule en devient ainsi appréciatrice.

Tout ce qui est suspecté, à tort ou à raison, de pouvoir enchaîner la liberté des esprits est impitoyablement attaqué. Aujourd'hui que chacun rêve la liberté absolue, que l'on proclame comme nécessaire à la vie même de l'homme la faculté de tout dire, de tout penser comme aussi de tout faire, la religion, dont l'esprit est fortement opposé à une telle tendance, se trouve repoussée quand, au lieu de consentir à perdre un peu de son autorité, elle cherche à en ressaisir plus qu'elle n'en avait depuis de longues années.

Toute religion entraine avec elle une idée de soumission des esprits à une règle morale uniforme. Le jour où chacun veut penser à sa guise, le jour où chacun veut se faire juge du bien et du mal, veut se créer d'un seul coup sa religion personnelle et par conséquent sa morale propre, toute religion, vraiment digne de ce nom, cesse d'exister.

La libre pensée, qui peut flatter la vanité humaine, offre plus de dangers que la croyance la plus grossière. Elle exigerait des hommes, pour ainsi dire impeccables, ayant assez la notion de leurs droits pour respecter ceux des autres. Composée de gens non unis entre eux par une croyance uniforme, une société se trouverait en quelque sorte sans cohésion, ne retrouvant de lien que dans l'intérêt, aujourd'hui commun, demain opposé, de ses membres.

Il peut se trouver des libres-penseurs consciencieux, s'imposant une règle sévère et débarrassés de tout entrainement ; il est probable qu'il ne s'en trouverait guère. Mais admettons qu'il se rencontre des gens assez heureusement doués pour se créer, sans autre secours que les ressources de leur raison, une conscience dont les lois ne blessent point les droits de leur prochain : Ce frein que l'on s'impose à soi-même, qui n'a avec lui nulle sanction qui puisse réprimer les écarts, est bien fragile. Car le jour où le désir parlera, d'autant plus haut que la raison sera plus fatiguée des efforts qu'elle se sera imposés, la conscience sera bien près de faiblir. Il faudrait une force surhumaine pour pouvoir toujours se résister à soi-même, quoique n'étant soutenu par aucune foi ni par aucune crainte.

Que devient cette théorie de liberté spirituelle et intellectuelle pour des esprits ordinaires, où la brute est toujours prête à faire prévaloir ses intérêts ?

De même que dans toute société il faut une loi politique et civile unique, de même il faut une loi morale incommutable. Que dirait-on d'un pays où chaque citoyen pourrait se faire un code à sa guise? Ce ne pourrait être qu'une société barbare. L'excès de civilisation est-il assez grand aujourd'hui pour nous ramener à la barbarie, à travers le chaos des perfectionnements?

Laisser chacun juge du bien et du mal, c'est s'exposer aux plus inextricables complications. La loi civile, dira-t-on, réprimera les écarts de ceux qui violeront la loi morale. Mais où sera donc la loi morale? Sur quoi basera-t-on la loi civile?

Mais, en admettant que l'on parvienne à constituer une législation, quel temps durera-t-elle, ne reposant sur aucun principe fixe? Comment justifierait-on ses prescriptions? Par l'utilité, par la nécessité, choses que chacun peut apprécier à son point de vue? Il y aurait ainsi un frein matériel bien faible et bien impuissant à arrêter les entreprises anti-sociales.

Les aspirations d'indépendance religieuse et politique, développées par la *démocratisation* des richesses et par conséquent du bien-être, offrent sûrement de graves périls dans leurs effets, surtout en ce qui concerne la religion. S'il n'est pas possible d'y satisfaire, il faut tout au moins éviter avec soin tout ce qui porterait l'empreinte d'un amoindrissement de la liberté par un retour intempestif a des moyens usés.

Car il y a dans le public des préjugés qu'il faut respecter en partie. Rien ne se détruit plus difficilement, surtout par le raisonnement; en ce cas, les faits parlent seuls.

La chose la meilleure, si elle a contre elle la défiance générale plus ou moins injustifiée, arrive souvent aux plus désastreuses conséquences. Le plus sage est d'attendre que le préjugé se soit affaibli; ce qui, à l'époque où nous vivons, ne peut être d'une très-longue durée. Les masses sont assez éclairées pour qu'elles ne s'arrêtent plus aussi longtemps que dans les siècles derniers à des partis-pris sans raison d'être.

Si elles ont moins de préjugés qu'autrefois, ce qu'elles en ont conservé se trouve plutôt hostile que favorable à l'Eglise catholique.

Aux causes que nous avons citées au cours de ce chapitre comme ayant agi sur l'esprit

religieux, on peut encore ajouter l'influence
qu'a pu produire le mélange, la vie commune
des hommes de religion différente. Autrefois,
quand du catholique au juif il y avait un
abîme d'hostilité et de méfiance, que l'un se
croyait bien supérieur à l'autre, que l'on
semblait, en quelque sorte, dans un culte
différent, voir l'indice de natures diverses,
la croyance de chacun devait lui apparaître
plus digne de respect qu'aujourd'hui où
l'abîme s'est comblé. Autrefois, tout ce qui
n'était pas catholique faisait horreur. Il n'en
est plus ainsi; et le motif qui a influé sur
l'esprit de nationalité se retrouve, ou à peu
près, parmi les causes qui ont participé à
l'affaiblissement de l'esprit religieux. C'est
en grande partie, ainsi que nous l'avons dit
dans le précédent chapitre, par suite de la
fréquentation de plus en plus active établie
entre les divers peuples, que le sentiment
national a perdu de son ancien caractère,
qu'il est devenu moins rigoureux, et aussi,
par suite, moins énergique. De même pour
la foi religieuse; le jour où l'on a consenti à
ne plus persécuter les religions autres que le

catholicisme, un grand pas a été fait dans la
voie de la raison et de l'humanité. Mais aussi,
habitué peu à peu à voir de près ceux dont
on fuyait jadis le commerce, voyant qu'ils
n'étaient point aussi noirs qu'on avait pu se
l'imaginer, qu'ils n'étaient ni plus heureux
ni plus malheureux que qui que ce soit, que
leur religion n'entraînait pas avec elle de funestes conséquences durant la vie, si on n'en
vint pas tout d'un coup à douter de l'utilité
de la foi religieuse, du moins on la vit attaquer sans grand effroi.

La liberté de conscience est aujourd'hui
une nécessité ; elle existe et tout ce qui pa-
raîtrait tendre à la restreindre n'aurait nulle
chance de vivre. Excellente en soi, elle peut
cependant devenir une cause de périls, comme toutes les libertés d'ailleurs.

Et en effet où s'arrêtera-t-elle ? Quelles seront ses conséquences immédiates et surtout
son influence sur les esprits ? Une liberté,
sagement pratiquée et arrêtée à point est le
plus grand élément de stabilité pour une société. Livrée à son développement logique,
elle devient le plus souvent *destructrice*.

La liberté de conscience, acheminement à la réalisation de l'égalité morale, ne peut atteindre à ce but sans porter de rudes coups à une religion qui perd en influence tout ce qu'elle accorde de tolérance, qui peut même s'en trouver ainsi annihilée.

Car si la liberté de conscience n'a rien de commun avec la libre pensée, il est certain qu'elle ne peut guère que favoriser son développement. Qui dit liberté de conscience, dit reconnaissance des diverses religions, tandis que dire : libre pensée, c'est émettre la doctrine de la négation de toute religion.

Cependant, malgré cette apparente opposition, les deux choses ne sont pas étrangères l'une à l'autre. En effet, la comparaison permise des diverses croyances peut bien, dans des esprits préparés par la philosophie de plusieurs siècles, faire naître le doute.

On cherche alors la vérité en dehors des règles que l'on a sous les yeux; on se perd dans un dédale de contradictions et l'on se rejette dans l'indifférence, espérant y trouver la quiétude intellectuelle et morale.

CHAPITRE IV

L'Esprit de Famille

Coup d'œil en arrière. — Les idées d'égalité et de liberté. — Influence de la loi sur la transmission et le partage des biens. — Les inégalités sociales. — La richesse et la pauvreté. — L'éducation et l'ignorance. — Les instincts de dédain et les instincts de jalousie. — L'esprit de l'éducation. — Les idées d'ambition. — Les nécessités de position. — L'intérêt pécuniaire et les facilités de quitter son pays. — La culture de l'esprit et la diminution des familles. — L'idée de devoir et les principes d'utilité au point de vue de l'autorité familiale. — Les domestiques d'autrefois et ceux d'aujourd'hui.

Les évolutions politiques entraînent toujours à leur suite les évolutions sociales et réciproquement. Leur influence se fait sentir là où elle semble ne pouvoir atteindre, et l'on retrouve leurs conséquences parmi ce qui paraît y être complétement étranger.

L'esprit de famille a subi la loi commune, et a été atteint par le courant dissolvant porté aujourd'hui contre l'organisation politique et contre l'organisation sociale.

Il n'est pas mort, mais il a perdu, au milieu de la démocratie moderne, le caractère qu'il avait, chez nous, au milieu de la société aristocratique d'autrefois.

A Rome, l'autorité du *paterfamilias*, très forte au début, alla en s'affaiblissant. Ce qui contribuait à donner au chef de la famille une autorité incontestée, c'est qu'il était investi de fonctions sacerdotales, chargé d'entretenir le feu sacré sur l'autel des divinités domestiques. La famille constituait alors une sorte d'agglomération politique, dirigée par un chef unique qui lui donnait la cohésion. Tous les membres étaient étroitement unis l'un à l'autre par la communauté de la croyance, par le lien civil de la loi.

Le christianisme n'apporta avec lui rien qui pût affaiblir l'esprit de famille; mais l'autorité paternelle n'y fut entourée que de respect et non de crainte. Ce ne fut plus un pouvoir despotique comme dans la famille romaine primitive, mais une suprématie bienveillante. Il n'y eut pas une hiérarchie aussi fortement assise; et, si la volonté du chef fut souvent suivie, il ne fut jamais armé pour l'imposer à tous ceux qui tenaient à lui par les liens du sang.

Au moyen-âge d'ailleurs, où l'esprit de famille était encore très-puissant, certaines des causes qui ont concouru à son affaiblissement actuel faisaient déjà sentir un peu leur influence, qui alla croissant à travers les temps modernes jusqu'à nos jours.

Il semble que la famille voie ses liens d'autant plus relâchés que ceux qui constituent la nationalité sont plus resserrés, et que, plus il y a de sécurité dans une société, plus les membres d'une même famille ont tendance à s'écarter les uns des autres.

Aujourd'hui certainement on trouve peu de gens identifiant leur intérêt avec celui de leurs proches, et les liens de famille sont plus nominaux qu'effectifs. La parenté ne constitue pas une raison de solidarité, si ce n'est à un degré relativement peu éloigné, où une vie commune et une affection naturelle créent des motifs sérieux d'union qui facilitent l'accomplissement des devoirs de famille. Nous ne craignons pas de dire que les liens qui unissent un nombre donné de personnes

ayant une origine commune, tendent à se
raccourcir de jour en jour et à ne réunir que
celles qui se touchent immédiatement. On
pourra citer des exemples à l'encontre de ce
que nous avançons; mais on ne pourra pas
nier la tendance que nous constatons.

Les causes de la modification opérée dans
l'esprit de famille sont multiples. Nous ne
voulons pas les rechercher toutes, mais seulement en exposer quelques-unes.

La famille n'est constituée solidement que
grâce à des liens puissants et plus effectifs
que ceux qui ne reposent que sur l'affection
causée par la consanguinité. Si elle a des avantages, elle n'est pas sans imposer des devoirs;
qui dit devoir dit contrainte, et aujourd'hui
chacun tend à se débarrasser de toute gêne.

La famille, même très fortement constituée, ne se trouve nullement en opposition
avec les idées de liberté et d'égalité. Cependant, si elle ne fait pas obstacle à la vie libre
et indépendante de l'homme, si elle n'en-
chaîne pas le citoyen, elle ne laisse pas de
créer au parent des obligations morales,
qui lui semblent lourdes, en ce qu'elles

peuvent entraver ses desseins et peser sur ses déterminations.

Pas plus que les idées de liberté, les idées d'égalité ne semblent pouvoir battre en brèche l'esprit de famille. Or, si l'on admet une famille, on admet un chef de cette famille, dont l'autorité sert à unir les divers membres. Où est le chef effectif d'une famille aujourd'hui ? Quelle autre autorité trouvera-t-on que celle du père sur ses enfants ? Quel pouvoir peut maintenir unis les collatéraux ? L'égalité règne dans la famille. Nous ne trouvons pas cet état de choses inique; nous en constatons un effet.

Il est une loi française, profondément morale et au-dessus de la critique; c'est celle qui règle la transmission des biens, qui les partage entre les enfants ou, à leur défaut, entre des parents plus ou moins nombreux. La législation qui, jadis, donnait à l'aîné l'héritage lui assurait ainsi une prépondérance sur ses frères et sœurs. Il était le vrai représentant du nom paternel, qu'il devait conserver entouré de tout son prestige. Les individualités autres que la sienne disparaissaient pour ainsi dire derrière lui et l'intérêt de la famille. Aujourd'hui, l'intérêt de l'individu est placé avant celui de la famille ; on cherche à rendre la vie facile à chacun plus qu'on ne travaille à la conservation d'un nom. C'est assurément plus humain quoiqu'il en résulte quelques inconvénients.

Incontestablement, nos aïeux ne pouvaient voir d'un bon œil une règle qui leur enlevait tous les biens paternels si le hasard ne les avait pas faits naître les premiers.

Assurément une telle iniquité soulevait parfois bien des haines. Mais, le plus souvent, accoutumés à ne rien espérer, ils se résignaient à leur sort, choisissant la robe, ou plutôt la prenant pour obéir à un moyen dicté par la nécessité.

Les querelles d'intérêt se trouvaient ainsi évitées, et l'on ne pouvait voir alors de ces discordes de famille comme les successions en font tant surgir de nos jours. Il y a là une source bien visible de brouilles mortelles entre les parents les plus rapprochés. La question d'argent porte la division dans le sein des familles les plus unies ; et si elle n'est qu'un détail parmi les causes qui ont concouru à affaiblir l'esprit de famille, on ne peut nier sa réelle influence.

L'intérêt individuel tendant à se faire de jour en jour plus dominant, les conséquences que nous signalons doivent aller toujours croissant dans un milieu qui s'y prête.

Au sein de notre démocratie, combattue par les instincts aristocratiques de la nation française, les inégalités sociales se trouvent être un des plus puissants éléments de dissolution pour la famille.

L'égalité de tous les hommes a beau être proclamée, elle n'existe pas à tous les points de vue. Si aujourd'hui elle est consacrée au point de vue politique, il n'en est pas de même en ce qui concerne les relations sociales. Différences de fortune, d'éducation, d'instruction sont autant de barrières qui s'opposent aux rapports de tous les hommes sur le pied de l'égalité. La question de naissance, pour avoir moins d'importance qu'autrefois, ne laisse pas cependant d'entrer en ligne de compte.

Quand la question d'origine primait toutes les autres, quand une sorte de barrière existait entre les diverses classes de la société,

quand chacun se mariait dans ce que l'on
peut appeler sa sphère, il ne se trouvait point
dans une famille de membres assez *dépla-
cés* pour que les plus brillants en pussent
rougir. Chacun se sentait du *même monde*.
Dans une famille il ne se rencontrait donc
pas de ces parents, dont les uns placés au
haut de l'échelle sociale pour une cause quelconque, se détournaient des autres, trop
infimes pour qu'ils les pussent admettre à
leur vie.

Il y avait alors plusieurs sociétés ; aujour-
d'hui il n'y en a qu'une, où les éléments de
toute provenance se trouvent confondus, où
le duc ruiné, fier de ses ancêtres, a redoré
son blason par une alliance bourgeoise avec
la fille d'un plébeien fier de sa fortune et de
lui-même. L'enfant qui nait d'un tel mariage
aura pour parents et les descendants des
seigneurs et les descendants des vilains, éléments que le travail niveleur du temps peut
seul rendre compatibles en abaissant le premier au degré du second.

Car c'est le propre de la démocratie d'a-
baisser d'abord avant de niveler. Elle se

prépare ainsi un sol uniforme sur lequel doit s'élever *l'aristocratie* de l'avenir, fondée sur d'autres bases que celles d'autrefois, moins absorbante au point de vue politique, mais influente et puissante, si elle le veut.

Les lignes de démarcation sociales, trop effacées pour constituer un obstacle à la confusion des classes, ne le sont pas encore assez pour que cette confusion n'ait pas dans ses conséquences quelque chose qui choque et qui semble anormal à l'esprit populaire.

On s'étonne de voir un homme parti d'une situation de famille infime arriver à une haute position, tandis que ses proches restent obscurs et pauvres. On ne conçoit pas encore très-aisément les enrichissements rapides qui ont pour conséquence de donner à un homme les moyens de mener une existence tout autre que celle qui lui semblait réservée par son origine.

Les inégalités, grâce à la facilité qu'a chacun de s'enrichir ou d'acquérir de l'instruction, naissent pour ainsi dire du jour au lendemain entre les membres d'une même famille. Ainsi, un homme, favorisé par d'heureuses

chances, acquiert des ressources financières
qui lui ouvrent les portes de ce que l'on appelle la société, ou plutôt qui les forcent. Ses
frères ou sœurs, que le hasard a moins bien
servis, restent artisans comme l'était leur
père. Ne se creuse-t-il pas immédiatement
un abîme entre ces parents que l'affection
devrait tenir néanmoins unis?

Chacun parle de la vanité de ce que l'on
appelle le *parvenu*, c'est-à-dire de celui qui
s'est fait seul sa situation dans le monde et
qui, en étant d'autant plus fier qu'elle est
plus récente, croit la mieux sauvegarder en
rejettant dédaigneusement le milieu dont il
est sorti pour chercher à pénétrer dans celui
qui ne s'est pas encore ouvert à lui. Dira-
t-on que l'homme de cette catégorie conserve
bien en général le souvenir des liens qui
l'unissent à des parents dont la pauvreté a
quelque chose d'humiliant en ce qu'elle lui
rappelle son origine?

Que l'on prenne un homme qui, par son
instruction et son intelligence, est arrivé à
conquérir une de ces positions enviées dans
la hiérarchie sociale actuelle. N'y aura-t-il

pas une différence entre lui et ses parents qui ne se seront pas élevés, qui n'auront reçu ni instruction, ni éducation? Pourra-t-il y avoir entre ces diverses personnes commerce agréable? Y aura-t-il sympathie de goûts, d'aspirations? Pourra-t-il se trouver entre elles les éléments de relations suivies sur le pied d'une vraie égalité? Sans doute, autrefois, il se trouvait dans la même famille des membres illustres et des membres obscurs. Mais comme nous l'avons dit plus haut, ils étaient, en somme, tous du même monde; et si l'intelligence crée une supériorité, elle ne creuse pas un abîme comme le peuvent faire les exigences sociales.

Les conventions de la société, quand même la vanité humaine s'en accommoderait, ne permettent guère à un homme entouré de tout le prestige que peut donner une haute situation, vivant au milieu de personnes ayant des goûs et des idées conformes à leur rang, d'introduire parmi ceux qu'il fréquente un parent sans instruction comme sans éducation. Ce dernier se trouverait dépaysé et mal à l'aise dans une atmosphère de contrainte;

8.

il serait un objet de risée pour ceux qui joui-
raient de son embarras. Mais, dira-t-on, il
n'est pas nécessaire que celui qui se trouve
élevé au-dessus des autres membres de sa
famille les introduise dans le cercle qu'il fréquente. C'est vrai. Mais alors il faut que, pour
conserver avec eux des relations suivies, il
s'impose une gêne, par simple esprit de devoir. C'est peut-être beaucoup demander.
Puisqu'il en est ainsi, on peut s'expliquer
comment l'affection, qui se fortifie surtout
par l'habitude, finit par s'affaiblir graduellement quand des circonstances viennent arrêter les relations suivies entre deux ou plusieurs personnes.

Plus que l'homme, la femme tient à la forme, aux apparences ; elle attache aussi plus
d'importance aux démarcations d'éducation
et de fortune. Là où son influence est immédiate et prépondérante, c'est dans la famille.
On le voit chaque jour. Qu'un homme de
talent, mais d'origine plus que médiocre,
épouse une femme ayant, non pas ce que l'on
peut appeler des ancêtres, mais des parents
de sa condition sociale, il arrivera fort sou-

vent qu'une rupture avec les parents du mari
suivra le mariage. Souvent même elle sera
une condition de sa conclusion. Que devient
l'esprit de famille en une telle occasion?
L'homme qui consent à agir ainsi ne rompt-il
pas d'un seul coup avec tous les devoirs
que lui impose la consanguinité? Et ses
enfants, quelle famille connaîtront-ils? Celle
de leur mère, et voilà tout. A peine si on
prononcera devant eux le nom de leurs aïeux
paternels.

Il se trouve encore beaucoup d'hommes à
l'âme assez droite pour résister à de semblables oublis des devoirs filiaux. Mais, en
réalité, il n'y a pas absolument dans les relations qu'ils ont conservées avec leurs proches
ce caractère qui fait de la famille un tout. Il
ne s'y trouve toujours pas cette possibilité de
vie commune, de plaisirs identiques. Il en
reste au moins une preuve d'affection et de
respect, un témoignage de fidélité aux liens
créés par la nature, qui mériterait tous les
éloges si l'on pouvait y voir quelque chose de
plus qu'une conduite conforme aux lois de
l'humanité et à la voix de la conscience.

C'est certes un sentiment peu louable que celui qui pousse l'homme parvenu à rejeter les parents qu'il ne peut élever jusqu'à lui. Mais il est juste de dire aussi que si le dédain de ce riche écarte le pauvre, la jalousie de ce dernier se fait souvent très aigrement sentir. On voit fréquemment des gens qui, au lieu de se réjouir de l'élévation d'un de leurs proches, semblent, au contraire, lui en garder rancune, si des conditions d'âge et de position semblaient à l'origine devoir les maintenir au même niveau.

La jalousie est de tous les temps; mais elle n'avait pas autrefois chez nous autant d'occasions de percer. Tout le monde pouvant s'élever, chacun de ceux qui n'ont pu le faire en veut, pour ainsi dire, à ceux qui ont été plus habiles ou plus heureux; tandis que quand chacun était renfermé dans sa condition de naissance, quand nul ne voyait dans son milieu des personnes monter bien au-dessus des autres, quand on reconnaissait une barrière aux ambitions, le mal d'envie n'avait pas pour s'exercer une aussi séduisante carrière qu'aujourd'hui, où il est possible de dire que celui qui n'est rien un jour peut être tout le lendemain.

Ces causes, secondaires en apparence, ont une profonde influence sur l'unité de la famille. Agissant à chaque moment et se retrouvant dans les détails de la vie domestique, elles font bien vite naître des divisions irréparables qui rendent ennemis les uns des autres ceux que la nature et les lois morales avaient faits pour être sincèrement unis.

On déplore en général la perte de l'esprit de famille ; mais on ne fait rien pour le ressusciter, si faire se peut. L'éducation d'aujourd'hui porte en elle des causes palpables d'affaiblissement pour le culte de la parenté.

Les idées d'ambition qui troublent toutes les têtes font que les parents de la plus humble condition élèvent leurs enfants d'une manière peu conforme à leurs ressources et s'imposent pour cela de lourds sacrifices.

Voyant chaque jour devant eux des hommes partis de rien arrivés à de hautes situations, ils s'imaginent tous follement avoir donné le jour à quelqu'esprit supérieur. Leurs espérances sont presque toujours déçues, et il ne

reste du grand homme en perspective que
l'artisan croyait avoir produit, qu'un *monsieur*,
qu'un déclassé au milieu des artisans comme
au milieu des riches, à qui ses moyens ne
permettent pas de vivre selon l'instruction
qu'il a reçue et que cette même instruction
empêche de travailler comme ses parents
pour gagner sa vie. Quel plaisir trouvera au
sein de sa famille un homme de cette espèce,
bercé dès son enfance dans des rêves de
grandeur qu'il voit crouler à cause souvent
du milieu même dont il sort et de l'exiguité
de ses ressources?

Si l'ambition du pauvre est satisfaite, s'il
réussit, ne se trouvera-t-il pas enlevé en quelque sorte à sa famille à cause de l'inégalité
des situations sociales? Car, on aura beau s'é-
puiser en vaines protestations, la véritable vie
de famille n'existera qu'entre gens n'ayant
pas à rougir l'un de l'autre ni à s'envier, ayant
reçu une éducation à peu près identique. Et,
tous ceux qui sortent de leur *sphère* élèvent
ainsi un obstacle entre eux et leurs proches.

C'est un obstacle dont ils peuvent tenir plus
ou moins grand compte, selon leurs senti-

ments de devoir, selon aussi les nécessités de leurs situations et l'influence de leurs goûts. Mais il est difficile de n'y pas voir une cause d'affaiblissement dans la fréquence des rapports de famille.

Nous ne voulons pas ici entreprendre une croisade contre l'esprit de l'éducation tel qu'il se montre actuellement. Nous le regardons comme une conséquence de l'état social que nous devons subir. Cependant il nous semble qu'il serait possible de réagir, dans une certaine mesure, contre quelques-unes de ses exagérations.

Le résultat de l'éducation, telle qu'elle est généralement comprise, est tout d'abord de faire des hommes bien plus portés à rechercher leurs affections en dehors de leur famille que parmi ses membres. Et puis il faut ajouter aussi que la vie mondaine a su être entourée de tant de séductions, elle flatte si bien la vanité humaine que l'on s'y adonne avec un plaisir naturel et que les satisfactions paisibles de la famille, qui n'offrent pas l'attrait de la diversité et du changement, finissent par lasser ceux même qui ont été élevés à ne goûter que celles-là. Jadis, on n'avait pas à sa disposition les mille et mille moyens que l'on a aujourd'hui de satisfaire les besoins de plaisir. Les relations sociales n'étaient pas aussi larges, aussi faciles, aussi attrayantes. On restait donc plus chez soi et l'on s'arrangeait de manière à y trouver son contentement.

C'est dans une telle situation que l'éducation peut jouer un grand rôle. On élève ses enfants comme on vit soi-même et on ne songe naturellement pas à les pénétrer d'une idée que l'on n'a plus. Bien souvent aussi, quand entre les parents il se trouve des différences de position, les enfants sont élevés à s'ignorer les uns les autres, à s'éviter avec plus de soin que s'il n'y avait aucun lien entre eux; la parenté est alors une cause d'éloignement.

Nous avons dit que l'éducation actuelle était la conséquence de l'organisation sociale. Et, en effet, dans un temps où les membres d'une même famille se trouvent souvent dispersés de tous côtés, où ils n'ont entre eux que de courtes et peu fréquentes relations, il est explicable que des parents ne songent

pas à donner à leurs enfants l'idée d'obligations, de devoirs envers des personnes qui ont
pu s'en affranchir à leur égard, envers des personnes que peut-être ils ne connaîtront que
fort peu, plutôt en étrangers qu'en parents.

Peut-on raviver le vieil esprit de famille?
On en peut douter. Car là où il peut être développé, c'est sous le toit paternel; et l'on s'y
occupe plus de donner une éducation mondaine, d'exciter les idées d'ambition que de
tout autre chose. On sacrifie tout à la vie extérieure, au désir de paraître par soi ou par
ses enfants. Il faut briller à tout prix. Ceux
qui ont été élevés ainsi élèvent leurs enfants
de la même manière et s'étonnent ensuite de
les voir négliger la vie d'intérieur et placer
leur confiance en des personnes étrangères,
avec lesquelles, à défaut de liens de parenté,
ils nouent des relations basées sur la sympathie naturelle des caractères.

L'ambition n'est pas par elle-même un dissolvant de la famille. On conçoit fort bien un
homme ambitieux, conservant des relations
avec les divers membres de sa famille, gardant
pour eux tous les égards qu'il leur doit, ayant

pour leur situation toute l'indulgence que
comporte l'affection ou tout au moins la bien-
veillance.

Cependant l'homme qui n'a pour mobile
que le désir de s'élever pourra trouver dans
certaines relations de famille un obstacle ou
tout au moins une difficulté à la réalisation de
ses desseins. Et, pris entre son intérêt et son
devoir, il se trouve bien près de sacrifier le
second au premier; surtout quand nulle foi
religieuse ne vient s'interposer pour faire
triompher la morale du devoir à l'encontre
de la morale de l'intérêt.

La religion et la famille se tiennent; l'une
est l'asile de l'autre. La première sert puissamment à réunir les divers éléments de la
seconde. Quand la première perd de sa force,
la seconde tend à se dissoudre. C'est ce qui a
lieu aujourd'hui, où l'on ne reconnaît pour
règle de l'association que la convenance, où
l'on repousse le lien moral qui tend à rendre
solidaires les uns des autres des éléments
souvent opposés, à la vérité, de goûts et
d'aspirations.

Les facilités que l'on a d'aller au loin permettent de fuir l'embarras que l'on trouve dans les liens de la parenté. Les uns fuient une famille trop humble, les autres une famille prospère. On voit fréquemment un homme sorti de parents dans une situation brillante, déchu de son rang social par suite d'événements fâcheux, ne vouloir pas accepter le sort qui lui est fait; et, n'ayant nul moyen de regagner, en restant au milieu de ses proches, la position qu'il prétend occuper, il rompt avec ses affections et s'en va au loin chercher fortune. C'est chose si aisée que quitter son pays, alors que l'on sait pouvoir retrouver à l'étranger une vie à peu près identique à celle que l'on menait chez soi!

On se crée sur un nouveau sol une vie pour ainsi dire nouvelle; on arrange son existence de manière à regretter le moins possible ceux que l'on a quittés, et qui eux-mêmes finissent par ne plus vous compter.

Quand, plus tard, les descendants des membres ainsi disséminés d'une même famille arrivent à être réunis, peut-il y avoir entre eux cette affection fortifiée par l'idée du devoir sans laquelle la famille n'est qu'un mot?

Il est une remarque que l'on peut faire, c'est qu'aujourd'hui la richesse s'est répandue à peu près partout; et c'est toujours au détriment des qualités morales d'un peuple qu'elle se développe dans les diverses classes.. Il y a là une loi fatale.

Avec la possession le désir de posséder s'accroit, et plus l'homme a de biens plus il en veut avoir. Trouvant presque toujours plus riche que lui, il cherche constamment à augmenter ce qu'il a. C'est son idée dominante. Il ne recule devant rien pour arriver à ce but; il brave les fatigues, il oublie ses affections. Et quand enfin, lassé ou satisfait, il songe à jouir de ce qu'il a conquis, la pensée de ne point laisser se perdre ni s'amoindrir une fortune qui lui a coûté tant d'efforts l'occupe constamment. Il se désintéresse de tout ce qui ne touche pas à sa richesse. Si ses parents sont pauvres, souvent il ne se privera pas, pour leur venir en aide, de la plus faible somme.

L'égoïsme se développe généralement avec les richesses; et l'esprit de famille ne peut subsister si les divers membres ne veulent pas se soutenir les uns les autres.

Nous disions plus haut que le désir de briller faisait oublier les rapports de famille, que l'on vivait d'une vie toute extérieure, toute mondaine. L'influence de ce mode d'existence se fait vivement sentir en ce qui concerne la diminution des familles par la diminution du nombre des naissances.

Au milieu des besoins factices que s'est créés la société actuelle, la population de la France est restée presque stationnaire. Elle n'a du moins augmenté que d'une manière insignifiante, tandis que celle de l'Allemagne, par exemple, grandissait dans d'énormes proportions.

On a trouvé là un signe de décadence, de chute prochaine, et des esprits éminents ont poussé le cri d'alarme. D'autres ont cherché à rassurer l'opinion publique, émue du péril quoique n'étant pas convaincue de ce qu'on lui en présentait comme la cause.

Assurément l'accroissement de la population est une force pour un pays, quoi qu'on puisse prétendre pour prouver le contraire. Mais le ralentissement dans cet accroissement n'est pas encore la diminution, quoiqu'il y ait peu à faire pour qu'il y arrive. Ce n'est pas un indice de force, mais ce n'est pas non plus un signe de décadence ; et il est permis d'espérer pour la France, en dépit des sinistres prévisions, une longue et verte vieillesse.

Avant de s'alarmer outre mesure, il est sage de remonter à la source du mal, et de voir s'il n'y aurait pas quelque remède à y apporter.

Comme chacun désire aujourd'hui donner à ses enfants une position supérieure à celle qu'il occupe lui-même, et que, d'un autre côté, la fortune est le moyen le plus facile de s'élever sur l'échelle sociale, on redoute d'avoir à partager entre plusieurs ce que l'on possède.

D'autre part, l'instruction de plusieurs enfants devient pour les médiocres fortunes, qui sont le plus grand nombre parmi ce que l'on appelle les riches, une charge qui a pour conséquence de priver les parents de certaines jouissances du luxe.

Dans le temps de désirs immodérés où nous vivons, on se fait une obligation, un devoir, de paraître plus que l'on n'est, et l'on croirait déchoir si l'on ne montait pas. L'on prend ses aspirations vaniteuses pour des mérites que l'on ne cherche même pas à acquérir. Chacun ayant la prétention de valoir son voisin a les mêmes ambitions que lui, sans s'inquiéter si ce dernier n'a pas quelque chose qui les justifie plus de sa part que de la part de qui que ce soit.

Le petit bourgeois veut que son fils soit élevé comme l'est celui du grand financier, et il sent qu'en ayant plusieurs enfants, il lui sera impossible de donner aux représentants de son nom les moyens de parvenir qu'il peut à grand'peine fournir à un seul.

Les positions aujourd'hui accessibles à tout le monde sont une tentation perpétuelle pour ceux qui jadis en auraient été écartés. Il est bien naturel que tous les mérites puissent percer, dans quelque condition qu'ils se trouvent; mais de cette égalité des intelligences devant le but, il résulte une inégalité sensible dans la vie de tous les jours, au point de vue des rapports sociaux.

Tel, dont la fortune est plus que modeste,

se trouve, et à juste titre, occuper une position où l'a précédé un homme favorisé d'une grande fortune. Il se trouve obligé à des dépenses considérables, et qui lui seront d'autant plus lourdes qu'il aura une nombreuse famille.

Aussi voit-on aujourd'hui plus de célibataires qu'autrefois, chacun exagérant ses prétentions en matière matrimoniale, et craignant de trouver dans la vie à deux plus de difficultés d'existence que d'avantages.

Le mariage est devenu une question d'argent avant tout. L'homme recherche la somme qui lui semble en rapport avec les besoins de sa position, et la femme, une position qui, à la fortune qu'elle peut avoir, joigne une certaine considération dans le monde.

Celui qui n'a pu trouver le minimum qu'il s'était fixé aime mieux vivre seul et libre, jouissant de la vie à sa guise, qu'unir son sort à une femme qui ne lui apportera qu'un capital insuffisant pour satisfaire à des dépenses allant chaque jour croissant.

Que peut devenir, au milieu de telles préoccupations, de tels calculs, l'idée d'élever une nombreuse famille ? Se trouve-t-il place pour une pensée de ce genre dans des esprits tournés constamment vers l'utilité et l'agrément ?

On rencontre dans les campagnes des familles nombreuses, parce que là l'enfant, au bout de quelques années, représente par son travail une valeur réelle. Il n'est besoin, pour le rendre apte aux travaux des champs, d'aucune dépense lourde. Et cependant déjà le mal, si grand dans les villes, tend à se répandre partout. Le nombre des enfants diminue au fur et à mesure que la richesse croît, tellement que les familles indigentes sont celles qui en ont aujourd'hui le plus. Du reste, outre l'influence des richesses et du bien-être sur la diminution des familles, il est une tendance qui ne laisse pas d'avoir de sérieux inconvénients.

Nous voulons parler de celle qui pousse les petits comme les grands à cultiver l'esprit avant tout en négligeant de développer le corps. Par suite de l'exagération d'une idée bonne au fond, on en arrive à fortifier l'esprit au détriment du corps, à exercer le premier

9.

par un travail qui parfois dépasse ses forces
et à affaiblir le second par une inaction que
l'on a su entourer de séductions. Nous ne
ferons que signaler ce point, que d'autres ont
développé avant nous. Mais nous ne pouvons
cependant nous résigner à ne point faire
observer que le genre d'éducation qui prend
l'enfant en bas âge pour surchauffer son intelligence ne peut donner de bons résultats
au point de vue du physique qui, cependant,
est entouré, de nos jours, de tant de précau-
tions.

La force intellectuelle prime tout le reste ;
et c'est justice. Mais le culte que l'on a pour
elle ne devrait cependant pas faire oublier
complètement la force physique qui ne peut
que donner de la vigueur à l'esprit.

Rien de mieux que de vivre par l'esprit
plus que par le corps ; mais négliger le développement de l'un pour consacrer tous ses
soins à l'autre, est un excès.

Nous sommes bien loin du temps où la
force corporelle était la première cause de
supériorité ; tout alors se résolvait par la
force physique. Aujourd'hui, cependant, en

dépit de la culture que l'on donne à l'esprit, tout se résout encore par la force brutale, plus raisonnée, plus calculée qu'autrefois. La force n'est plus entourée du même prestige; elle n'en est pas pour cela à dédaigner.

On domine maintenant par la supériorité de l'intelligence; c'est assurément un progrès, qui toutefois ne doit pas faire oublier que l'homme ne peut pas ne se développer que par l'esprit. On semble le croire, en s'imaginant avoir tout fait quand on a obtenu d'une intelligence quelque résultat hâtif.

Ce qui pousse l'éducation actuelle dans cette voie, c'est le besoin que chacun s'est créé d'occuper des positions qui, assiégées de solliciteurs, demandent pour être conquises un développement intellectuel d'autant plus grand que la concurrence est plus acharnée et que le niveau de l'instruction s'élève.

C'est à qui conquerra jeune une position sociale. La mode est aux prodiges factices qui font à quinze ans ce que d'autres ne font pas à vingt et qui, à trente et même avant, rentrent dans l'ordinaire, épuisés par l'effort même qui les en avait fait sortir.

Il est impossible que des hommes ainsi élevés aient une vigueur comparable à celle qu'avaient nos pères, vivant d'une vie plus conforme aux divers besoins de l'organisme. Ce manque de vigueur doit forcément se faire sentir en ce qui touche la procréation. Il doit influer sur la constitution des enfants nés de parents vivant dans des conditions parfaites d'étiolement physique.

Il y a donc là une cause d'énervement de la génération, d'affaiblissement de la race, affaiblissement qui n'est pas sans remède, mais dont on ne saurait avoir raison que par une existence dans laquelle la vie physique aurait une large part. L'obligation du service militaire imposée à tous provoquera-t-elle un revirement en faveur des exercices physiques? Que son influence soit plus ou moins grande, elle ne laissera certainement pas de se faire sentir d'une façon heureuse.

Le bien-être, tel qu'on le conçoit aujourd'hui, ne peut s'accommoder d'une manière de vivre qui impose au corps quelques fatigues; et c'est pour les lui éviter que l'on met son esprit à la torture, qu'on lui impose sou-

vent les plus pénibles efforts, sans songer que
la souffrance qui peut en résulter pour lui est
une source d'incommodités pour le physique.
Si on s'efforce de donner tous ses soins à
l'esprit au détriment du corps, c'est beaucoup
pour donner à ce dernier toutes les jouissances matérielles, en le mettant à l'abri de tout
ce qui pourrait troubler son repos.

Car c'est de repos qu'on est surtout avide,
de ce repos entouré de toutes les jouissances du luxe moderne, que trouble la venue d'enfants nombreux, en imposant aux
riches une gêne, un embarras, et aux pauvres,
des sacrifices parfois fort durs.

L'amour d'une vie paisible a puissamment
contribué à affaiblir l'idée de devoir, si nécessaire pour que les parents puissent, en
toutes circonstances, heureuses ou malheureuses, jouer, vis-à-vis de leurs descendants,
le rôle qui leur incombe, tant au point de vue
matériel qu'au point de vue moral.

Le sentiment du devoir, nous avons eu à le
constater déjà, a subi de notables atteintes.
On en trouve une preuve évidente dans la
facilité avec laquelle les mères abandonnent

aujourd'hui leurs enfants en bas-âge à des soins mercenaires. Elles les voient avec plaisir emmenés loin d'elles, se trouvant ainsi dispensées de s'en occuper. C'est là le symptôme d'un attachement assez léger des parents à leur descendance.

Assurément il en est qui se trouvent dans de pénibles situations et qui, en agissant ainsi, ne font que subir la loi de la nécessité. Mais tous n'en sont pas là, et on ne peut pas mettre cet état de choses sur le compte seul des circonstances qui dominent actuellement la vie.

Il y a bien en cela de l'oubli du devoir; et lui seul pourrait ranimer l'esprit de famille, lui donner une vigueur nouvelle. La famille devrait être l'asile le plus inviolable du sentiment du devoir; elle en devrait être l'école; malheureusement il n'en est pas ainsi.

Ce que l'on prêche avant tout aujourd'hui, dans la famille comme ailleurs, dans la famille plus qu'ailleurs peut-être, c'est l'utilité. On conseille à ceux à qui l'on porte un grand intérêt d'affection de mettre au-dessus de tout, non seulement ce qui est bon et bien, mais, et surtout, ce qui peut être de quelque profit.

On enseigne la recherche de l'avantageux, on enseigne l'art de parvenir, de se pousser dans le monde à travers tous les obstacles, en dépit de toutes les difficultés ; ce qui n'est pas mauvais en soi, mais ce qui, mal interprété, peut devenir et devient périlleux pour la moralité générale.

C'est chose surannée que parler de respect d'une règle, alors que cette règle fait obstacle à la réalisation de désirs, peut-être justifiés au fond. On a devant les yeux le but ; on ne voit pas ce qu'il faut fouler aux pieds pour y atteindre.

Le développement des idées utilitaires active naturellement celui de l'égoïsme, qui pousse fatalement à chercher l'affranchissement de toutes les entraves que sa satisfaction peut rencontrer.

Si donc l'autorité familiale se trouve un obstacle à la mise à exécution de ce que l'on croit avantageux, on repousse et cette autorité et celui qui la représente. La souveraineté du but que l'on a été élevé à admirer, voilà ce qui domine toute la conduite de ceux chez qui on a négligé de faire pénétrer un sentiment qui doit arrêter tous les écarts, celui du devoir.

Un autorité purement morale, qui n'a aucun moyen effectif de se faire respecter, perd forcément à un tel état des esprits, surtout quand ce sont ses représentants qui ont, en quelque sorte, fourni des armes contre eux, en montrant parfois par leur conduite et par leurs avis qu'il est habile de violer les règles qui n'ont point de sanction.

Ce n'est pas à dire qu'il y ait manque d'honnêteté. On rencontre encore les honnêtes gens en foule. Mais ce qui manque, c'est l'observation de certains scrupules dont on fait trop bon marché; c'est cette délicatesse de conscience qui impose le respect, si elle ne procure pas autant d'avantage qu'elle en mérite.

L'autorité familiale, pouvant à certains moments devenir gênante, est d'autant plus méprisée qu'elle est aux mains de personnes dont le caractère a perdu en élévation ce qu'il a gagné en souplesse intéressée.

Un chef de famille qui aura enseigné à ceux qui l'entourent l'amour de la droiture a bien plus de chances de voir sa parole écoutée que celui qui ne leur aura parlé que de la nécessité d'arriver à tout prix. Arriver, c'est tout !

C'est la tendance du jour ; elle n'est pas générale, mais elle gagne plus qu'elle ne perd parmi notre génération pratique. On n'aime que ce qui est matériellement profitable.

Nous voulons avant de finir ce qui a trait à l'esprit de famille, dire quelques mots des domestiques qui jadis étaient presque comme des membres inférieurs de la famille. Dévoué et plein de déférence pour la volonté de son maître, le vieux serviteur d'autrefois en était bien souvent le confident respectueux, sans pour cela sortir de son rôle.

Il n'en est certes plus de même à l'heure où nous écrivons.

L'état social actuel en est la principale cause. Jadis, quand il y avait une vieille aristocratie entourée du prestige et de la puissance, ceux qui la servaient voyaient entre leurs maîtres et eux une distance telle qu'elle leur semblait infranchissable. L'aristocratie leur paraissait comme d'un rang privilégié, et ils se courbaient devant elle sans effort.

Au fur et à mesure que, pour des causes qu'il est inutile de rappeler, elle s'affaiblit et laissa pénétrer dans son sein des éléments plébéiens, il s'éleva à ses côtés la classe bourgeoise, acheminement à l'égalité théorique, sortie du peuple et tenant en quelques points à la noblesse.

Le droit de bourgeoisie s'acquérant par la richesse et l'acquisition de celle-ci devenant chaque jour plus à la portée du premier venu, le plébéien se prit à ne considérer le bourgeois que comme un être plus favorisé que lui, mais n'ayant pas plus de droit au commandement.

Une telle idée répandue parmi les serviteurs ne pouvait se développer qu'au détriment de leur respect et, par suite, de la qualité de leurs services. Voyant autour d'eux des valets devenir maîtres, tous pouvaient espérer cette heureuse fortune et se regardèrent à l'avance comme les égaux de leurs propres maîtres.

Cette tendance n'a fait que croître progressivement avec les facilités données à l'enrichissement et à l'instruction, et il est vraisemblable qu'au milieu du courant actuel elle ne s'arrêtera pas. Elle produira sans doute de telles conséquences que l'on en arrivera à ce qui semble aujourd'hui une plaisanterie, à chercher à l'étranger des gens voulant bien louer leurs services, qui formeront, pour ainsi dire, une classe secondaire au milieu de notre société de *maîtres!*

Car l'égalité politique, que cependant nous n'attaquons pas en principe, en donnant au domestique des droits égaux à ceux de son maître, en lui confiant ainsi le pouvoir de collaborer à l'ordre social comme au bouleversement de ce qui lui déplaît, l'égalité politique, disons-nous, n'est pas faite pour convaincre le domestique de la nécessité de respecter celui qui lui commande. Vivant dans une époque où chacun tend à sortir de sa sphère, il suit le courant qui paraît le porter vers la réalisation de ses désirs.

Il considère, en outre, son maître, grâce surtout aux théories philosophiques radicales du jour, comme son ennemi. Car toute autorité lui semble insupportable. Il faut avouer aussi que, dans cette facilité donnée au premier venu de devenir grand seigneur par la fortune,

mais non par les *manières*, il y a quelque chose
qui donne prise à l'animosité des serviteurs.

Mécontents de servir, jaloux de la fortune
dont ils sont un indice par leur nombre, ils
rencontrent chez le plébéien devenu riche
bien plus de procédés blessants pour leur
amour-propre qu'ils n'en rencontreraient chez
un homme habitué à vivre au milieu d'une
certaine société.

Celui qui hier était peuple et qui aujour-
d'ui est *monsieur*, croit nécessaire d'affirmer
son autorité en se montrant souvent grossièrement hautain avec ceux qu'il paie, tout en
se laissant aller parfois à des familiarités qui
en provoquent de la part de ceux qu'il veut dominer.

Animés d'un tel esprit, les domestiques ne
cherchent plus qu'à trouver dans le service
des avantages qui leur permettent soit de réunir quelques épargnes, soit de se donner quelques-unes des satisfactions dont ils sont avides.
Voyant autour d'eux, d'ailleurs, les maîtres
s'efforcer de faire passer leur utilité propre
avant tout, ils ne croient pas pouvoir faire
mieux que les imiter.

Aussi la qualité de leurs services est-elle en rapport avec leur intérêt : leur attachement est affaire d'argent le plus souvent. Ils sacrifient au dieu de l'époque. C'est un mal ; mais où est le remède ?

Elevés, la plupart du temps, dans un milieu hostile à la catégorie de personnes qu'ils sont appelés à servir, ils apportent, dans la maison qui les emploie, des idées préconçues d'antipathie et de défiance qui ne sont point faites pour leur attirer la sympathie, la confiance de leur maître. Ils ne s'y attachent point, le quittent sans la moindre hésitation, s'il n'y a pas bénéfice suffisant. Le maître se plaint d'être exploité par son valet, de ne pouvoir plus commander chez lui. Le domestique prétendant à tous les égards, juge qu'on n'en a pas eu assez pour lui et entre dans une autre famille avec des idées d'antipathie peut-être plus accentuées qu'au début, trouvant chaque jour quelque théorie nouvelle, éclose pour exciter son animosité, comme celle de toute la classe ouvrière, contre l'homme qui, possédant, peut jouir, à son aise et sans difficultés apparentes, d'une vie calme et oisive.

Si la logique du raisonnement humain est souvent défectueuse, celle des faits est impitoyable. L'égalité de tous les hommes a été adoptée, proclamée avec enthousiasme par ceux qui se trouvaient au bas de l'échelle sociale, consentie par ceux qui se trouvaient au sommet avec la secrète pensée que ce n'était qu'un mot incapable de devenir une réalité. Aujourd'hui on veut la chose elle-même, on la veut follement, sans raison, sans s'occuper si elle est réalisable; et l'on va, préoccupé de son but, voulant tout renverser pour y arriver plus sûrement.

On poursuit un idéal. Tous les hommes sont égaux, donc ils doivent tous avoir les mêmes droits, les mêmes satisfactions; des devoirs, on n'en parle pas. Le petit veut que tout devienne petit, espérant ainsi monter au-dessus de ceux qu'il aura abaissés.

Le serviteur veut devenir maître; il veut briller à son tour. Il voit que tout est possible aujourd'hui; il n'examine pas si tous les hommes sont également armés pour s'élever. Il est homme, donc il doit être maître !

CHAPITRE V

L'Esprit militaire

La richesse et le bien-être. — La discipline et les idées d'égalité et de liberté. — L'amour de la gloire et le désir de tranquillité. — L'idée de faire des conquêtes. — Le patriotisme. — La force physique. — La croyance et le scepticisme. — Les idées humanitaires. — La situation politique. — La défiance des diverses classes. — Les profits de la guerre pour le soldat. — La composition de l'armée. — Autrefois et aujourd'hui. — Le soldat-citoyen. — Tout n'est pas perdu !

Le goût pour l'état militaire n'est plus aujourd'hui ce qu'il était autrefois. Il y a des causes multiples de cette modification, plus profonde en apparence qu'en réalité. Le Français a toujours conservé un caractère assez belliqueux; mais il se plie plus difficilement que jadis aux fatigues du soldat. Il se soumet avec plus de peine à la discipline, en un temps où elle est plus nécessaire que jamais, puisqu'il s'agit de faire des armées des instruments de précision mathématique, dans lesquels la bravoure individuelle ne trouve plus autant d'occasions de s'affirmer que par le passé. La guerre, avec les allures savantes qu'elle semble vouloir adopter, perd pour le caractère français une partie de son attrait. Et il nous semble que lorsque l'on dit que le caractère s'est modifié parce qu'il ne se manifeste plus de la même manière, non-seulement on fait une erreur, mais même on donne un argument en faveur de ceux qui prétendent qu'il est toujours le même. Car s'il ne se plie pas aux exigences de l'époque aussi aisément qu'il se pliait à celles d'autrefois, c'est qu'elles sont moins d'accord avec lui, ce qui ne serait pas s'il s'était modifié, s'il s'était transformé selon la nécessité, ou du moins si, sans se transformer réellement, il ne se montrait pas en quelque sorte opposé à l'allure qui s'impose à lui.

Autrefois le métier militaire laissait beaucoup de loisirs; il n'en est plus de même. Autrefois, beaucoup de gens des classes pauvres se trouvaient mieux à la caserne que chez eux au point de vue matériel. Aujourd'hui les exigences, sous ce rapport, sont plus grandes. Pour beaucoup, le métier de soldat était un moyen de vivre, alors que l'industrie n'était pas encore venue apporter à chacun la facilité non seulement de gagner sa vie, mais encore de la passer dans une aisance relative.

Les richesses et le bien-être qui en est la conséquence ne sont pas faits pour donner à l'homme les qualités du soldat. D'abord, comme nous l'avons dit dans un précédent chapitre, elles développent des besoins d'indépendance qui s'accommodent mal d'une discipline inflexible. Ensuite elles donnent des habitudes de jouissances matérielles qu'il est bien difficile de retrouver dans les régiments où la liberté se trouve enchaînée.

La richesse qui, dans notre siècle, s'est développée d'une manière inouïe, a accru prodigieusement les intérêts matériels que la guerre met en souffrance ou en péril. Il y a là un obstacle qui, grandissant chaque jour, fera plus que toutes les théories du monde pour rendre les guerres moins longues et plus rares. Elles seront évitées avec d'autant plus de soin que les dommages qu'elles causeront, directement ou indirectement, seront plus sensibles, et que leurs conséquences se feront plus ou moins durement sentir par la diminution du bien-être.

Le Français calme, par calcul, ses instincts belliqueux : on ne peut l'en blâmer bien fort. Car sûrement c'est chose horrible que la guerre, quoique de nos jours elle ait perdu quelque chose de sa sauvagerie passée. Si la civilisation a fourni aux hommes des engins de destruction plus terribles et plus sûrs, du moins elle les a amenés à ne plus massacrer ni détruire systématiquement, à ne chercher la ruine que des armées, qui, vaincues, livrent le pays sans défense. Dans les temps reculés, quand pour être soldat il suffisait d'avoir du cœur et une arme, tout homme était à redouter; de là des massacres préventifs. Maintenant que l'éducation du soldat est plus compliquée, le plus grand courage ne peut guère suppléer la connaissance du métier. La troupe la plus décidée ne pourrait que fortuitement, si elle n'est pas organisée selon les règles, causer un sérieux embarras à un corps ennemi comptant moitié moins d'hommes.

Les habitants des contrées en guerre assistent les bras croisés, pour ainsi dire, à l'effort de leurs soldats, pouvant presque se dire à l'abri de tout danger matériel, dans une certaine mesure toutefois. Ce n'est pas que nous prétendions qu'autrefois, en cas de guerre, toute la nation y prenait part. Bien loin de là, puisqu'au moyen-âge les gouvernements avaient des troupes mercenaires chargées de défendre le pays, qu'elles attaquaient ensuite si on les payait pour cela. Mais les invasions étaient plus désastreuses encore qu'actuellement; la vie du citoyen était aussi exposée que celle du soldat.

Au milieu d'un bien-être moins grand qu'aujourd'hui, les soldats trouvaient dans le pillage la récompense de leurs efforts. Mais tant de gens ne possédaient rien que la guerre ne pouvait, sous ce rapport, sembler à beaucoup bien cruelle.

Aujourd'hui que l'on n'a plus à redouter le pillage, on tremble davantage devant les conséquences économiques de la guerre. Presque tout le monde ayant un petit avoir, on craint bien plus les événements qui pourraient l'emporter, et avec lui les quelques moyens de se donner des satisfactions matérielles.

Il faut dire aussi que l'on est devenu plus humain. Si on craint plus la ruine et la mort, on respecte davantage la vie d'autrui. Devenu plus délicat pour soi-même, on se trouve aussi moins insensible aux maux d'autrui. L'on n'y trouve pas la satisfaction que les hommes des premiers temps semblent y avoir trouvée. C'est bien un progrès et un grand progrès.

Seulement, si l'aversion croissante pour la guerre est un bien, l'aversion pour le métier militaire, qui semble en être la conséquence logique, est un mal. Car nous sommes encore loin du jour où tous les conflits se régleront devant un pacifique tribunal international. A quand le jour où la force n'aura pas le dernier mot en toute chose?

En étant encore bien loin, n'en entrevoyant même pas encore la possibilité dans l'avenir, il est prudent, il est nécessaire d'être fort, d'être armé par conséquent, sinon pour l'offensive, du moins pour la défensive, ce qui est, à bien peu près, la même chose.

Or, les habitudes de luxe actuelles, les be-

soins nombreux que l'on s'est créés et qui
sont devenus des nécessités avec le temps,
ne diposent pas l'homme à endurer les privations et la contrainte de la vie militaire durant
les années nécessaires à son instruction.

Peu d'hommes se trouvent tellement mal
chez eux qu'ils préfèrent le bien-être du régiment à celui dont ils jouissent librement.
Un grand nombre pouvant vivre à peu près
à leur guise, soit du fruit de leur travail, soit
des revenus de leur fortune, se voient arrachés
à grand regret d'une existence qui, sans les
satisfaire complétement, leur permet cependant d'agir selon leurs goûts.

Ayant goûté du bien-être, l'homme n'y veut
pas renoncer; il cherche au contraire à le
rendre plus complet. Quand il en est dépourvu, il ne craint pas de s'exposer à des
dangers, à des fatigues pour le conquérir.
Les peuples conquérants sont généralement
des peuples pauvres, peu favorisés sous le
rapport du sol; ils se jettent sur ceux dont la
prospérité les attire, avec la pensée d'en retirer des avantages matériels. Quand ils ne
voient plus rien autour d'eux qui puisse aug-

menter leurs richesses, ils cherchent à vivre
paisibles au milieu de celles qu'ils ont ac-
quises. Ils fuient tout ce qui pourrait troubler
leur quiétude, que des attaques étrangères
viennent alors violemment détruire, en leur
prouvant qu'il ne suffit pas de déployer de
l'énergie pour s'enrichir, mais qu'il est encore nécessaire d'en déployer pour conserver le bien-être conquis.

La France en est là. Elle sait qu'aux guerres elle a plus à perdre qu'à gagner ; que la
fortune publique en serait amoindrie ; que la
fortune privée en souffrirait ; qu'elle est le
pays où l'on trouve le plus de bien-être. Elle
craint de n'en pas jouir même pendant un
temps, et elle oublie qu'il est un objet d'envie
pour des voisins plus forts parce qu'ils ont
plus à gagner à la lutte, plus dangereux parce
que leur amour-propre national est fortifié
d'une âpre jalousie.

Chacun en particulier comprend bien le
danger ; mais il lui est pénible de se tirer des
douceurs de son bien-être pour se plier aux
exigences imposées par le péril même. On
craint de perdre ses richesses au milieu d'une

conflagration que l'on ne se reconnaît pas le pouvoir d'éviter un jour donné. On voit que, victorieux, le dommage serait moins grand et effacé aussi en partie par la gloire. On se rend compte que, quand même il n'y aurait pas à nos portes de danger permanent, il en pourrait surgir d'autres qui nous forceraient à tirer l'épée pour éviter une humiliation. Car nous ne sommes point encore si bas que nous les puissions supporter et nous en consoler au milieu de notre opulence ! On comprend tout cela, on en est pénétré ; et il se trouve que cette richesse même qui nous tient tant au cœur est la principale cause du peu d'énergie et du peu de désintéressement que nous voulons apporter à sa défense !

Du reste, la richesse n'est pas seule coupable ; à elle seule n'est pas toute la responsabilité. Les idées qui ont cours en notre temps ont aussi une grande influence sur l'esprit militaire, c'est-à-dire sur la facilité plus ou moins grande qu'a le Français de se plier à la discipline, de s'habituer au métier des armes, d'y prendre plaisir ou de n'y trouver qu'ennui. Les idées d'égalité et de liberté, telles qu'elles sont comprises et exagérées aujourd'hui, ne peuvent que difficilement s'accommoder d'une règle qui n'admet pas la discussion. Elles ne peuvent agir sur l'esprit militaire que comme dissolvants, en encourageant les instincts d'indiscipline.

L'homme imbu de ces idées trouvera dans la contrainte que lui impose l'état militaire quelque chose de contraire aux droits que sa seule qualité d'homme lui doit conférer. Jugeant que ceux qui lui commandent ne sont pas autres que lui, porté naturellement à se croire plus de mérite qu'eux, il critiquera leurs ordres avec d'autant plus d'animosité. Les punitions lui sembleront plus arbitraires et plus injustes, et il n'aspirera qu'à sortir d'un milieu qui lui pèse. Dans un tel état des esprits, le moindre relâchement de la discipline pourrait amener les plus fâcheux résultats.

Par suite d'un besoin de liberté individuelle aussi exagéré, l'idée de devoirs envers la société dont on fait partie se trouve rejetée. Et si le sentiment du devoir civique s'affaiblit, il n'y a que la crainte qui puisse, non pas le remplacer, mais du moins empêcher les effets de cet oubli de se produire dans toute leur force.

Le sentiment du devoir vit encore dans notre armée, protégé par l'habitude de l'obéissance et du respect des chefs. Mais le développement des théories nouvelles poussant l'inférieur à la révolte contre tout ce qui lui commande, n'en est pas moins un danger réel, surtout pour la société militaire, dont la soumission absolue à une volonté inflexible est la première condition d'existence.

Il est réellement difficile que celui qui a grandi au milieu des aspirations de liberté et de rébellion à l'autorité, ait grand goût pour le métier des armes. Il accomplit un devoir, c'est-à-dire une chose pénible en faisant le service que lui impose la loi ; mais il n'y trouve pas de plaisir. Il revoit dans le régiment l'image d'une société à hiérarchie sévère où il y a égalité dans les fatigues et dans les punitions, mais où il n'y a pas cette égalité de ses rêves, au sein de laquelle tout le monde commanderait et personne n'obéirait. Alors que dans la société civile on veut jeter bas toute hiérachie sociale, on sent plus lourdement la démarcation qu'établissent les divers grades entre ceux qui en sont revêtus, et on s'en irrite, sans réfléchir que c'est seulement à l'abri d'une puissante force militaire que l'état démocratique peut atteindre son entier développement, sans encombre et sans bouleversement.

La bourgeoisie, révolutionnaire d'hier devenue conservatrice, s'est toujours montrée hostile aux choses militaires ; c'est la conséquence de ses instincts de rébellion qu'elle n'a pas encore eu le temps d'étouffer depuis qu'ils lui ont fait faire sa révolution sociale. Elle ne devrait cependant pas oublier que la révolution qu'elle a faite pour elle, d'autres la veulent renouveler contre elle, et qu'en cherchant à s'affranchir de la gêne qu'impose l'état militaire, elle tend à désorganiser ce qui peut seul la protéger contre les formidables assauts de la classe turbulente et énergique qui veut l'absorber.

La bourgeoisie est la classe la plus amoureuse de la tranquillité et celle qui se laisse le moins séduire par la gloire, dont les brillants dehors cachent souvent de cruelles souffrances, il faut le confesser. Le prestige militaire d'une nation est toujours bien chèrement payé.

Mais pour juger qu'il ne vaut pas tous les sacrifices nécessaires à son acquisition, on en arrive à un résultat presque identique. Ne voulant pas se sacrifier pour la gloire seule, il faut se sacrifier pour la conservation de l'indépendance nationale, qu'on ne parvient pas toujours à sauvegarder.

.Etant devenu très pratique et ne voulant faire que ce qui peut lui être utile, l'homme d'aujourd'hui se sent moins attiré par la gloire, pure de toute idée d'utilité immédiate, que dans le passé. Jadis, du reste, les amoureux de la gloire n'y cherchaient pas toujours rien qu'une satisfaction d'un ordre supérieur : beaucoup ne s'en seraient pas contentés s'il n'y eût eu à sa suite des avantages matériels. Car ce serait faire les siècles passés meilleurs qu'ils ne sont que les représenter s'écoulant au milieu du désintéressement général, et noircir le nôtre à plaisir que le montrer comme ayant le monopole des instincts et des appétits individuels en lutte avec l'intérêt collectif.

Toutefois, les hommes d'autrefois avaient plus d'enthousiasme pour la gloire des combats. Nous admirons encore les récits des batailles que soutinrent nos ancêtres ; nous en sommes fiers. Mais nous nous faisons la réflexion qu'une vie calme et entourée des jouissances du luxe est encore préférable à l'existence pleine de périls et de fatigues que menaient ceux qui ont concouru à donner au pays la puissance dont nous sommes fiers ; nous nous disons que des maux bien grands ont récompensé de leurs efforts les hommes qui s'oubliaient pour conquérir de l'illustration à leurs chefs, pour acheter de leur sang à leur roi une renommée, qui, en somme, ne leur rapportait nul profit, les laissant dans leur pauvreté tout mutilés et hors d'état souvent de travailler pour vivre.

C'est sensément raisonné. Mais, si sensé qu'il soit, ce raisonnement devient dangereux si, dans la pratique, il fait oublier toute idée de gloire et par conséquent toute énergie civique au profit d'une tranquillité bourgeoise.

Que l'amour des conquêtes se soit affaibli

chez nous, on l'explique par des raisons dont nous avons parlé déjà au chapitre traitant de l'esprit national. Le besoin de conquérir par la voie des armes ne se fait plus sentir chez nous, parce que l'on n'y voit plus de bénéfice réel à obtenir. Le monde presque tout entier ouvert au commerce permet à chaque nation d'obtenir pacifiquement des moyens d'augmenter son bien-être sans qu'il lui soit besoin d'aller ravir de force à un peuple étranger les productions d'un sol autre que le sien.

Ce qui soutient surtout l'esprit militaire chez un peuple, c'est le désir de faire des conquêtes; c'est qu'au bout des fatigues et des privations que lui impose le métier du soldat, il voit un but matériel à atteindre.

Quand ce but n'existe pas, le besoin de conquête cesse de se faire sentir chez les peuples qui, cependant, peuvent encore être entraînés dans les expéditions conquérantes par l'ascendant d'un homme, sachant faire vibrer en eux certaines cordes qui ne sont pas tout à fait usées en France.

Le patriotisme d'un peuple s'est mesuré

toujours d'après son énergie militaire. Le
vrai patriote est celui qui donne sans mar-
chander sa vie pour son pays. Quand la soif
des conquêtes est inextinguible, ce que l'on
appelle patriotisme est toujours puissant,
puisqu'il est le seul moyen de satisfaire cette
soif. Mais comme les tendances conquérantes
s'affaiblissent avec le bien-être, le patriotisme
semble faiblir aussi avec elles. Il n'est plus
toujours en éveil, et on ne le retrouve qu'aux
seuls moments de péril. N'est-ce pas à ce point
qu'en est arrivée la France, qui, en face d'une
invasion sait se retrouver vaillante, mais in-
fructueusement, pour avoir trop rejeté l'esprit militaire?

Les exercices militaires, exigeant surtout
de la vigueur physique, ne sont pas exécutés
avec plaisir par des hommes chez qui on a
développé l'esprit avant tout, qu'on a élevés dans l'oubli de tous les exercices propres à
donner de la force au corps, comme étant d'un
intérêt secondaire et d'un ordre trop inférieur.

Quand même le genre de vie aujourd'hui
adopté n'affaiblirait pas la force physique, il
est bien fait pour que tout ce qui n'est pas

intellectuel paraisse inutile, et même fatigant
et dangereux pour le corps.

C'est non seulement dans les classes riches
ou simplement aisées que l'on vit ainsi; mais
déjà même au milieu de la classe ouvrière
la contagion de l'exemple s'est fait sentir dans
la limite du possible. Car l'ouvrier, s'il ne
peut se dispenser de travaux corporels grâce
auxquels il vit et qui le rendent plus endurci
aux fatigues, évite avec le plus grand soin
tout exercice physique qui n'est pas obligé.
Il n'y trouve plus d'agrément. Il cherche ses
distractions dans les dissertations philosophiques et sociales que l'on sait. Il veut vivre
aussi par l'esprit; la vie militaire ne lui en
semble par conséquent que plus insupportable, en raison même de ce qu'elle demande
beaucoup au corps.

La force physique se ressent des habitudes
du bien-être.

Un homme habitué à une vie de raffine-
ments se trouvera certainement exposé, le
jour où les mille soins dont il s'entourait lui
seront interdits, à plus d'accidents corporels.
Il sera d'autant plus sensible aux fatigues et

au froid qu'il aura pris plus de soin de s'en garantir jusqu'alors.

Il est un fait incontestable, c'est que l'homme accoutumé à la vie de cabinet sera moins apte à l'état militaire que celui qui aura vécu, pour ainsi dire, à l'air libre, hâtant son développement musculaire par une existence toute d'activité. Finissant même par trouver du charme à braver les intempéries, celui-ci fera sans trop de difficulté, par devoir, ce qu'il supportait par plaisir. Il y aura chez lui plus de ressort pour supporter les grandes fatigues, et elles seront plus difficilement excessives pour lui que pour le premier. Il éprouvera donc moins de souffrance, il ressentira moins de dégoût pour la vie de caserne. Il y aura là l'étoffe d'un soldat meilleur que dans l'homme de cabinet. Il sera plus en état de rendre d'utiles services, il fournira un élément d'une trempe plus solide, abstraction faite de son caractère et des tendances de son esprit.

Car, pour être réellement un bon soldat, il ne suffit pas d'avoir la force, il faut encore avoir certaines qualités morales. C'est même là le point essentiel.

Le dévouement, le sacrifice de la vie a quelque chose qui n'est pas humain ; l'homme n'est amené à le considérer comme une obligation presque naturelle que par suite d'une sorte d'élévation de son esprit au-dessus des sphères de la vie réelle. C'est le rôle de la religion de détacher les hommes de la vue terrestre pour les entraîner dans les régions de ce que l'on nomme le devoir.

La foi religieuse, qui fait les fanatiques, a toujours fait d'héroïques soldats ; le scepticisme n'a jamais engendré l'héroïsme. Et ce mal, qui se fait sentir dans toute la société, a garde de ne pas apporter dans l'armée son influence regrettable.

L'homme qui fait profession de ne croire à rien est incapable d'enthousiasme irréfléchi, si ce n'est pour ce qui l'intéresse directement ; car alors il se passionne. Il n'a pas de mobile autre que celui de son intérêt individuel, parce qu'il manque du moyen nécessaire pour faire éclore des tendances plus élevées.

Une raison puissante pourrait peut-être suffire à convaincre l'homme de la nécessité de certains devoirs.

Mais chez combien rencontrerait-on un raisonnement assez droit pour s'insurger contre
leurs intérêts matériels et pour en triompher? Quels sont ceux qui pourraient puiser
en eux seuls la force nécessaire pour s'imposer des privations? Quels sont ceux-mêmes
qui comprendraient que certaines obligations
qui leur pèsent ne sont pas opposées à leur
intérêt personnel confondu dans l'intérêt collectif? Nous les cherchons partout, et nous
ne les voyons nulle part. Nous voyons des
hommes qui entendent mal leur intérêt privé
en croyant le bien servir au détriment de
celui de la société dont ils font partie. Mais
nous n'en voyons pas qui, ne croyant à rien,
aient une âme assez noble pour s'oublier,
même un peu.

Or, pour avoir le cœur d'un vrai soldat, il
ne faut pas songer à soi exclusivement, parce
que c'est dans une armée surtout que les individualités sont comptées pour rien en face
de l'utilité de la masse. On ne peut exiger
l'esprit de sacrifice absolu chez tous les hommes; mais cependant il est nécessaire dans
une certaine mesure. De quelqu'attrait que

l'on s'efforce d'entourer l'accomplissement du
devoir, on n'en fera jamais une chose fort
agréable. Il faut, pour qu'il ne soit pas trouvé trop pénible, que l'on parvienne à enivrer
l'homme par quelque chose qui parle à son imagination, qui frappe son esprit, qui l'entraîne.

Aujourd'hui que l'on veut repousser tout
ce que l'on ne peut expliquer, les croyances
ont perdu de leur influence. L'homme cherchant en tout acte la nécessité qui l'impose, ne comprend pas celle qui veut que
tout membre d'une société concoure à sa défense. Il voit un ennui, une gêne dans le métier militaire ; il n'y voit que cela. Il juge en
outre, par le temps de philosophie humanitaire que nous traversons, que c'est un reste
de barbarie que d'instruire des gens dans
l'art de s'entre-tuer, que de contrarier ses instincts de liberté pour obtenir un résultat qui
ne le flatte que peu.

La vie humaine est tenue à un plus haut
prix que jadis ; on l'entoure de mille précau-
tions inconnues de nos aïeux. On s'y attache
davantage et l'on ne tient pas à la jouer contre
celle de son voisin dans la crainte de perdre la

partie et aussi parce que l'on aurait quelque
regret de retrancher du monde un homme
que l'on ne connait pas et à qui on n'a
nulle raison de vouloir faire du mal.

Partant de là, on s'est dit que les armées
pourraient bien être la seule cause des guerres, parce que s'il n'y en avait plus on ne
pourrait pas se battre. Ce n'est au fond qu'une
absurdité, sur laquelle on s'est appuyé pour
justifier la répugnance qu'inspire l'uniforme
du soldat et la soumission dont il est l'indice.
D'une idée élevée on a fait une machine de
guerre destinée à saper ce qu'on voulait voir
disparaître, sans s'occuper des conséquences
de cette disparition.

C'est sûrement chose pénible que le spectacle de deux peuples s'entr'égorgeant : mais
le moyen qu'il n'en soit pas ainsi?

On s'efforcera d'adoucir les maux de la
guerre. On l'a déjà fait. C'est un immense
progrès qui cependant ne permet pas que l'on
conserve l'espérance de la paix indéfinie. On
épargnera toutes les cruautés inutiles; on ne
se fera plus un jeu des souffrances humaines.
Mais c'est tout.

Si l'état social et les théories du jour ont pu porter un coup sérieux à l'esprit militaire, au goût pour le métier des armes, on ne doit pas se dissimuler que la situation politique n'a rien qui puisse rendre ce goût ce qu'il fut jadis. Elle entretient, en effet, l'animosité entre les divers éléments qui composent la nation ; celle-ci, absorbée par les questions de politique intérieure, tend à croire que tous ses efforts doivent se porter de ce côté seul. Chacun s'en préoccupe plus ou moins activement, bien souvent pour s'en faire un moyen de parvenir. On oublie les nécessités imposées par l'extérieur.

L'armée s'est trouvée jusqu'alors l'obstacle le plus sérieux à la réalisation des désirs de certains *politiques* qui ne se sont pas fait faute de l'attaquer, de jeter sur elle le discrédit, de vilipender ses chefs. Ils ont cherché à propager parmi les soldats des idées d'insubordination, qui ne pouvaient que paralyser la résistance qu'ils rencontreraient dans les régiments, au moment de réaliser leur plan.

Ils ont représenté l'armée comme un instrument d'asservissement inventé par le riche pour dominer le pauvre. La défiance ainsi

11.

semée entre les diverses classes de la société
ne pouvait avoir pour résultat que d'ajouter, à
l'aversion qu'éprouvent déjà beaucoup de gens
pour le service militaire, un sentiment d'hostilité réel à l'égard d'une institution qui, aux
sacrifices qu'elle impose, joindrait encore le
danger de fortifier davantage ceux que l'on
veut déloger. Et l'on conçoit que l'homme du
peuple qui voit dans le capital la source de
tous ses maux ne veuille pas combattre pour
le sauver!

C'est logique : la classe ouvrière, poussée
par des excitations haineuses à séparer ses intérêts de ceux du bourgeois, puis à les mettre
en opposition avec ceux de ce dernier, ne veut
pas être elle-même la cause de son propre
malheur.

C'est à l'abri de l'armée que le riche exploite
le pauvre; le pauvre ne veut plus être soldat
pour ne plus favoriser sa propre exploitation.
Voilà certainement où peuvent conduire les
doctrines du jour. C'est un joli résultat.

Que l'on joigne à cette cause une autre d'un
ordre différent, et l'on verra s'il en faut davantage pour détourner tout homme de l'amour

des armes. Quel bénéfice matériel trouve-t-il
dans le métier de soldat?

Autrefois, la guerre était pour le soldat une
source de profits personnels faits dans le pillage. La civilisation est venue lui enlever cet
attrait qu'elle n'a pu remplacer par aucun
autre. Aujourd'hui, celui qui fait la guerre
n'a à en espérer que de maigres avantages au
point de vue matériel, si une bonne fortune
lui permet d'échapper intact aux balles enne-
mies. Nous accordons sans peine que le pillage était chose bien atroce et que la disparition d'une semblable coutume n'est que juste.
Mais le soldat n'y trouvait-il pas un but plus
facile à concevoir pour lui que l'idée abstraite
de gloire?

Pas plus autrefois qu'aujourd'hui on n'a
conduit les hommes par le seul sentiment du
devoir. Le peuple des temps passés, dans sa
simplicité de pensée, se laissait plus facilement conduire; mais pour l'amener au sacrifice, il fallait lui montrer quelque récompense
immédiate de l'effort accompli, quoiqu'une
foi religieuse plus ardente vînt lui servir en
outre de stimulant.

D'ailleurs il ne faut pas oublier, quand on parle de l'esprit militaire de la nation française et que l'on dit qu'il est loin d'être ce qu'il fut jadis, de quels éléments étaient composées les armées chargées de défendre le pays. En aucun temps, elles n'ont eu une puissance aussi considérable que dans la période de fraternité où nous nous agitons. Il n'y a pas encore de très longues années, le soldat pouvait presque s'improviser ; ce n'était pas encore une des nombreuses pièces d'une machine compliquée que le moindre faux mouvement peut entraver dans sa marche.

Il n'était pas nécessaire de tenir en temps de paix une grande partie de la population sous les armes. Le goût ou l'antipathie de la nation pour l'état militaire n'était donc pas aussi aisé à constater qu'il peut l'être actuellement où tout le monde donne quelques années au service de la patrie.

On doit remarquer que l'on demande en somme aux diverses classes de la société un sacrifice plus grand. En introduisant dans l'armée les riches aussi bien que les pauvres, on y a amené un élément plus rebelle à la dépen-

dance absolue, ayant mené une existence tout
autre que celle qu'il lui faut subir au régiment.

Autrefois l'armée se trouvait composée de
gens pour qui le métier de soldat était un
moyen de vivre ; s'ils n'étaient pas la majorité, du moins ils se trouvaient en grand
nombre dans l'effectif des corps. Entrés au
régiment avec la pensée d'y passer une partie
de leur vie, ils étaient moins portés à se dé-
goûter de son régime que ceux qui, y étant
incorporés malgré eux pour un temps, en
souffrent d'autant plus qu'ils sentent plus
proche l'heure de leur délivrance. Ces gens
qui se faisaient soldats, comme ils se seraient
peut-être faits tout autre chose si l'occasion
s'en fût présentée, finissaient par prendre
goût à leur métier.

Que le niveau moral de l'armée ait gagné
à sa nouvelle composition, que celle-ci soit
plus conforme aux règles de l'égalité et aux
nécessités de la situation, c'est certain. Mais
étant, pour ainsi dire, la nation armée, il ne
faut pas s'attendre à ce qu'elle soit entièrement hors de l'influence des tendances qui
se font sentir dans la société civile.

Quand l'armée faisait encore comme une classe à part dans la nation, comme une catégorie en dehors de la vie publique, il était possible de maintenir très-fort au milieu d'elle un esprit en conformité avec les principes qui la régissent. Mais, devenue ce qu'elle est aujourd'hui, il est impossible de la mettre à l'abri du courant actuel.

On a presque réalisé l'idée du soldat-citoyen, mais, dans ce qu'elle a de pratique seulement : les défauts du citoyen se retrouvent chez le soldat, mais contenus par la force de la discipline. On s'est efforcé sagement de ne pas laisser le citoyen dominer le soldat comme le désireraient ceux qui demandent le citoyen armé..... pour l'émeute.

Telle qu'est l'armée, moins disposée sans doute aux idées conquérantes qu'autrefois, elle représente encore une force suffisante d'énergie et de dévouement pour défendre vaillamment le pays. Après de cruels échecs qui ont jeté le découragement dans les esprits, après tant de sang versé sans résultat heureux, il est possible que les ardeurs guerrières d'une nation soient refroidies, et que cette cause, ajoutée à celles dont nous avons traité au cours de ce chapitre, produise encore son effet décourageant. On n'a aujourd'hui, au milieu de la défaite, que les désastres de la guerre présents à l'esprit ; on ne voit dans le métier militaire qu'une source de maux que nulle satisfaction ne vient jamais adoucir.

On croit moins à la gloire quand elle vous a échappé et que les efforts qu'on avait faits pour l'acquérir n'ont été qu'une occasion d'humiliations et de ruines. Et cependant nous, Français, tout positifs que nous sommes devenus en apparence, nous avons encore conservé au fond un culte pour ce qui a de l'éclat, pour ce que l'on admire : la grandeur nationale ne nous est pas encore indifférente.

Tout n'est pas perdu ! Que l'on ne désespère pas avant d'avoir donné le temps à la nation de se plier aux exigences nouvelles du métier de soldat.

CHAPITRE VI

Influence démocratique de la science et de l'industrie

Les progrès de la science. — Les vulgarisateurs. — Multiplication des œuvres de l'esprit. — La recherche de la vérité — La tendance pratique. — L'application des découvertes scientifiques à l'industrie. — La fabrication à bon marché. — La production rapide. — L'art et l'industrie. — Apparition de branches nouvelles de commerce. — Acheminement à l'effacement des classes par l'enrichissement à la portée de tous. — L'honnêteté et les grandes entreprises industrielles et commerciales.

Si la science peut créer des inégalités parmi les hommes en permettant à quelques organisations supérieures de s'élever au-dessus des autres, de les dominer par l'esprit, elle est surtout une grande niveleuse en ce qu'elle ne tient nul compte des inégalités sociales, qu'elle les fait disparaître au fur et à mesure qu'elle se propage. Elle offre au plus humble un moyen de s'élever par le travail : honneur à elle !

La science humaine a fait d'immenses progrès dans tous les genres de connaissances. Les sciences positives, en particulier, prennent chaque jour plus d'étendue, tellement que rien au monde ne semble leur devoir être impossible. C'est là de l'optimisme, Car si l'on peut considérer comme possible dans l'avenir ce qui paraît irréalisable aujourd'hui, on ne peut pas pressentir les obstacles insurmontables qui se dresseront peut-être un jour pour arrêter leur essor.

Progressant chaque jour, acquérant une puissance nouvelle sur les forces de la nature mises comme à la disposition de son esprit, l'homme en vient aisément à ne plus douter de sa puissance.

En même temps que sa confiance en lui, s'accroît son orgueil ; en même temps que son orgueil, ses instincts de révolte contre toute règle qui ne compte pas avec son raisonnement, avec son intelligence. Le raisonnement développe plutôt chez lui des tendances exagérées à l'indépendance et son in-

telligence ne se trouve pas assez pénétrante
pour saisir le danger où l'entraîne sa vanité
native. Aussi la lumière que lui apporte la
science l'égare-t-elle souvent loin des routes
du bon sens. Mais, si elle l'égare, elle lui
permet parfois de retrouver seul sa voie; ce
que les ténèbres de l'ignorance ne lui per-
mettraient pas. Plus aisé à conduire au milieu de l'ignorance, il est aussi plus aisé à
tromper, il est aussi plus facilement la proie
de ceux qui savent le séduire.

La diffusion de la science, les connaissances les plus diverses mises à la portée de
tous d'une manière plus ou moins incom-
plète, voilà ce qui se produit aujourd'hui. Et
ce bien n'est pas exempt de dangers, par
suite même de cette imperfection du caractère humain qui nous porte, lorsque nous
grandissons à nos propres yeux, pour une
cause quelconque, à croire que toutes les
audaces nous sont permises et que tout doit
céder devant nous.

Les brillants résultats obtenus dans les
sciences de toute sorte ont poussé ceux qui
s'en peuvent regarder comme les déposi-

taires; ceux qui ont une intelligence et une instruction suffisantes pour en mesurer l'étendue, à se considérer comme les guides naturels de leurs semblables qu'ils ont cherché à entraîner dans leur voie, rendue praticable et attrayante par leurs heureux efforts. Ils font apercevoir des perspectives plus brillantes chaque jour, fondant un avenir merveilleux sur un présent dont les siècles passés n'eussent jamais entrevu la réalisation.

La science marche ou plutôt elle est emportée. Il n'est pas en son pouvoir d'arrêter son propre cours. Les conquêtes de la veille appellent les conquêtes du lendemain ; il ne lui est plus permis de rester stationnaire.

Et, puisque sa marche en avant est incontestable, il faut s'attendre à ce qu'elle produise sur l'état social des conséquences que l'on ne saurait empêcher. Son influence sur les esprits ira chaque jour grandissant, quoi que l'on dise et quoi que l'on fasse. Sans doute elle démolira, mais elle construira aussi et sur de solides bases.

Le mouvement scientifique actuel se prépare depuis des siècles ; la tendance aujour-

d'hui dominante s'est graduellement accentuée. Des découvertes nouvelles ont provoqué
un mouvement plus rapide des esprits, jaloux
de mettre à profit ce que la science leur avait
révélé.

D'abord l'apanage de quelques-uns, la
science, fut lentement mis à la portée de
tous. C'est, de nos jours, une tendance fortement accentuée que celle qui consiste à rendre
les connaissances scientifiques accessibles,
dans leur ensemble, sinon dans leurs détails,
même aux hommes peu éclairés. Des savants
se sont occupés à les répandre en les exposant en termes simples et débarrassés le plus
possible des expressions techniques qui les
obscurcissent aux yeux du vulgaire.

Au fur et à mesure que les vulgarisateurs
se montrèrent plus simples, plus attrayants,
au fur et à mesure aussi que les inventions
nouvelles se multiplièrent et que la curiosité
fut plus éveillée à leur sujet, le public prit
goût à des connaissances qui avaient l'attrait
de la nouveauté et dont les applications don-
naient des résultats heureux et faciles à constater pour tous.

Les vulgarisateurs, qui sont avant tout des auteurs aimables et qui savent encadrer de détails attirants les théories les plus abstraites et les plus arides, ont pris actuellement une réelle importance, que les succès qui récompensent leurs efforts contribueront à grandir en les encourageant dans la tâche entreprise.

La vulgarisation des faits scientifiques seuls ne peut offrir nul danger; elle fournit aux esprits une occupation saine et utile. Mais lorsque de la science on veut tirer une philosophie basée sur les résultats positifs de la science elle-même, quelle que soit la bonne intention de celui qui s'en fait le propagateur on court le danger des interprétations fausses et passionnées de la part surtout de ceux qui ne connaissent de la science que la superficie et qui n'ont point assez de pénétration dans l'esprit pour aller au fond des choses.

On s'expose à égarer le sentiment du vulgaire qui croit voir souvent dans certaines théories des conséquences qui n'en découlent nullement, qui les croit voir parce qu'elles le flattent en ses désirs.

Il en est de la science comme de tout le reste
en ce monde. Quoique très bonne en soi, elle
peut susciter parfois des dangers ; c'est pourquoi il n'est pas prudent de la répandre tout
d'un coup parmi des esprits non encore préparés à la comprendre. C'est là le péril de la
vulgarisation ; pour donner de bons résultats,
elle doit se garder encore de jeter dans les
masses des théories qui, si elles n'offrent point
de dangers pour une minorité en état d'en
mesurer la portée, sont toujours exagérées
par le grand nombre des chercheurs convaincus et mal éclairés, croyant à chaque pas
saisir la vérité qui leur échappe.

Vouloir d'un seul coup élever des esprits
habitués à la vie terre à terre, vouloir les
transporter dans les plus hautes régions des
conceptions humaines, leur donner la liberté
de choisir la direction qui leur convient, les
engager à quitter une voie bien connue d'eux
pour en suivre une nouvelle dont le tracé leur
est à peine perceptible, c'est les exposer à
errer à l'aventure ; c'est, au lieu de les faire
avancer, retarder leurs progrès, qui se fussent
réalisés naturellement si on les eût laissés sui-

vre le chemin tracé et que l'on eût seulement pris soin de les dégager des obscurités qui rendaient la marche en avant plus difficile et plus lente.

Eclairer d'une lumière sagement graduée, grandissant en intensité à chaque pas, voilà le rôle de la science, voilà le rôle de ceux qui la veulent répandre. Mais transporter d'un seul coup, en pleine lumière, des esprits accoutumés à des ténèbres relatives, c'est dépasser de beaucoup la noble tâche échue aux dépositaires des connaissances humaines ; c'est vouloir éblouir, ce n'est pas vouloir éclairer ; c'est vouloir entraîner, ce n'est pas vouloir instruire ; c'est vouloir se faire de la science elle-même une arme contre tout ce qui en gêne les exagérations philosophiques ; c'est vouloir asservir l'humanité au joug de la science, ce n'est pas la mettre à la disposition de cette humanité pour en élever l'esprit seulement et pour en grandir les moyens d'action.

La science a pris, en effet, des allures dominatrices, justifiées dans son domaine, déplacées et dangereuses lorsqu'elle en sort, qu'elle veut faire sentir sa puissance immédiate hors de chez elle. Elle a une influence naturelle et médiate sur l'organisation des sociétés humaines : que cela lui suffise et que l'on s'abstienne de l'introduire elle-même dans l'arène des passions politiques.

Il en est de la la science comme de la religion : ses représentants ne savent pas se contenter de la situation qui leur est faite au milieu des esprits Ils ont une tendance absorbante ; et, de même que les ministres de toute religion poursuivent la domination de l'homme par l'âme, ils poursuivent la domination de l'homme par l'esprit. Cette rivalité de dominations ne semble pas être en voie de s'apaiser, la science grandissant chaque jour et rencontrant plus d'adeptes au fur et à mesure qu'elle croît.

Une telle situation crée des complications peu aisées à dénouer; elle demande une grande mesure dans la diffusion des sciences et surtout dans la manière dont elles sont répandues. Il faut avec soin éviter de les faire plus révolutionnaires qu'elles ne le sont ; mais il ne faut pas croire qu'il sera possible d'entraver leur œuvre.

12

En un temps où nous ne vivons, pour ainsi dire, que de révolutions et de réactions, ou plutôt, où nous nous épuisons en réactions maladroites et en révolutions mal conçues, la science pourrait jouer un rôle de modérateur, que ses impatiences d'omnipotence lui font délaisser pour obéir à ses instincts qui la poussent plutôt à prendre la tête de tout mouvement novateur. Elle veut se faire une société à sa guise; et ce qui lui fait obstacle, elle le sape. Elle aide les hommes à accomplir certaines réformes sociales qui sont le but de leurs efforts; et parfois, au lieu de les diriger, elle se trouve emportée par eux à faciliter l'ébranlement d'édifices qu'elle se sent incapable de remplacer seule.

Se trouvant entraînée trop loin par ceux qui ont eu recours à elle sans la comprendre, elle veut reprendre la ligne qui lui convient et elle perd toute influence heureuse sur les gens même qui ont pu la compromettre grâce à la complaisance avec laquelle elle a semblé favoriser leurs projets. Devenue ainsi suspecte, elle grandit au milieu de difficultés qu'elle n'a pas provoquées directement, mais dont on la peut considérer comme à peu près la complice.

Quoi qu'on en puisse donc dire, la propagation de la science n'est pas exempte de périls, dont la source se trouve non pas dans la science même, mais dans les imperfections de l'humaine nature. Elle n'est pas ce qu'elle devrait être cette propagande scientifique qui, dans ses fâcheux écarts, oublie trop la loi morale, dont l'homme a un si impérieux besoin, et ne flatte que son intérêt. Toutefois, il est juste d'ajouter que, souvent, on lui impute des torts qui ne sont pas siens et que l'on rencontre beaucoup de personnes qui, n'y voyant que danger sans avantage possible, ne se font pas faute de la noircir, et cela de la meilleure foi du monde en certaines circonstances.

Il est hors de doute que la diffusion des sciences positives a modifié déjà la tournure des esprits et la modifiera encore; on ne peut plus les conduire avec les moyens usités autrefois, et ce serait folie qu'espérer s'en servir encore avec succès. Chacun tient, en général à se rendre compte de ce qu'on lui fait faire; il veut savoir pourquoi et dans quel but on agit de telle ou telle façon. On est avide d'ex-

plications, dût-on ne les pas comprendre entièrement. Il y a là de quoi bouleverser complètement les agissements gouvernementaux
qui, bon gré mal gré, doivent se plier dans
une mesure assez large aux exigences du
temps.

Plus la vulgarisation répandra dans les
masses les notions scientifiques et forcément
après elles la philosophie qui en découle, plus
les esprits s'accoutumeront à ne regarder
comme vrai que ce qu'ils peuvent expliquer,
plus ils tendront à rejeter tout ce qui pourrait
s'imposer à eux sans justifier de sa réalité.
On peut dire que la tendance ne fait encore
que se dessiner, et déjà elle a produit de grands
effets dont il faut plutôt modérer que hâter le
développement, si faire se peut.

Les efforts de la philosophie ont amené
l'homme à ne se pas trouver de supérieurs
naturels, mais seulement créés par les nécessités inséparables de toute organisation sociale. Les sciences, comme la mécanique, la
physique, la chimie, dont l'essor date presque
d'hier, sont venues ensuite, par leurs applications à l'industrie, fournir à chacun le moyen

d'échapper en grande partie par le travail à la suprématie de ceux dont l'organisation sociale primitive les rendait dépendants. Grâce aux nouveaux genres de travaux fournis, le plus petit put, peu à peu, vivre par lui-même, et gagner ainsi en importance ce qu'il enlevait au grand de son influence sur lui.

L'étude, la recherche des causes des divers phénomènes au milieu desquels l'homme s'agite, donna naissance à une catégorie de personnes qui y puisèrent des idées d'indépendance en rapport avec la satisfaction orgueilleuse que leur causaient des découvertes où ils pouvaient voir la preuve de leur puissance. Ayant une révélation de leur pouvoir, elles durent facilement l'exagérer encore et s'indigner par conséquent d'un état de choses qui les mettait à la merci de simples conventions arbitraires, qui restreignait en quelque sorte leur droit à l'étude. Enfermés dans une société solidement assise, ils cherchèrent à l'ébranler et ils firent appel pour cela à tout ce qu'elle comptait de déshérités et de mécontents, faciles à exciter contre les privilégiés. Ces efforts, d'abord

12.

infructueux, finirent par être récompensés ; la science put se développer à peu près librement et grandir assez pour jeter bas les obstacles qui subsistaient encore.

Aujourd'hui que tout lui est permis, que son développement est encouragé, il est illogique de ne vouloir pas comprendre qu'elle a une influence profonde sur les esprits, influence que l'on ne peut combattre qu'avec des armes semblables aux siennes. Son action novatrice ne saurait être séparée d'elle : que ceux qui se cramponnent au passé ne l'oublient pas.

Le mouvement qui emporte les esprits vers la science et par conséquent vers l'étude, qui les pousse à rechercher l'instruction, est bien indiqué par le nombre toujours croissant des ouvrages de tous genres. Peu de gens jadis, il y a seulement cinquante ans, étaient capables d'exprimer leurs pensées, leurs appréciations par écrit, d'en former un tout qui pût éclairer le public. Sans doute dans le flot de livres qui inondent la société, il se trouve de déplorables doctrines et de pauvres ouvrages ; sans doute il s'imprime journelle-

ment beaucoup de choses qui n'en valent
guère la peine, et qui n'ont que bien peu de
lecteurs. Cependant il y a là un indice réel
de l'élévation du niveau intellectuel. Si les
hommes supérieurs ne sont pas plus fréquemment révélés qu'autrefois, il est bien
hors de doute que la moyenne intellectuelle
est en voie de monter rapidement.

Du jour où les hommes ont trouvé dans
l'imprimerie un moyen de répandre leurs
idées sur les divers sujets qui pouvaient se
présenter à leur esprit, le mouvement si ac-
centué de nos jours commença à se dessiner.
On eut par la lecture le moyen de s'instruire,
superficiellement, incomplètement souvent,
il est vrai ; on y trouva un aliment pour l'esprit, jusqu'alors un peu privé. On l'exerça,
il grandit ; en grandissant, il prit plus d'importance jusqu'à ce qu'il arriva au point que
sa culture devint la préoccupation dominante.
Il se montra chaque jour plus difficile à satisfaire ; il fallut des aliments nouveaux à sa
curiosité excitée par les satisfactions même
qui lui étaient données.

La journalisme donna à cette curiosité in-

tellectuelle un grand moyen de se rassasier.
En lisant, on prit plus ou moins l'habitude
d'apprécier; puis de l'appréciation des œuvres
d'autrui, on s'enhardit à émettre ses propres
idées, tâche facilitée par une étude plus sérieuse de la langue. L'effort du premier rendit moins pénible l'effort du second, qui pro-
fita de l'expérience de son devancier.

Quand les sciences positives eurent pris
une place importante dans les connaissances
humaines, on chercha par tous les moyens à
en faire connaître les principes à ceux qui
jadis semblaient nés pour ne rien savoir et
pour vivre de la *vie animale*, si nous pouvons
nous exprimer ainsi. Les journaux, dont nous
parlons quelques lignes plus haut, se sont
faits les propagateurs des découvertes scientifiques. Le public s'intéresse aux questions de
science expérimentale, parce qu'il sait qu'elle
donne des résultats pratiques et palpables principalement; chose qui plait naturellement à
ceux qui, comme les représentants des classes
inférieures, vivent plus par leur corps que
par leur esprit et cherchent surtout dans ce
dernier un auxiliaire pour satisfaire le pre-

mier. Car la *satisfaction intellectuelle* seule
leur peut suffire moins qu'à ceux qui ont
l'esprit plus cultivé.

Grâce aux progrès des sciences positives,
on a pu formuler des principes absolument
vrais parce qu'ils reposent sur des faits tan-
gibles, parce qu'ils ont une base immuable.
On est ainsi parvenu à connaître la vérité sur
grand nombre de points et l'on s'ingénie à
la découvrir partout, à la dégager des apparences trompeuses comme aussi des préjugés
qui empêchent de la distinguer nettement. On
n'admet plus les vérités conventionnelles : il
faut des preuves à tout ce que l'on avance.
Cet amour du vrai, cet acharnement apporté
à sa découverte sont, à la vérité, parfois exagérés si étrangement qu'ils produisent des
résultats tout opposés à ceux que l'on poursuit. Souvent il se produit que, de déductions
en déductions mal comprises, on en arrive à
regarder comme vrai ce qui est réellement
faux. D'un fait vrai en soi on veut tirer des
conséquences qu'il ne renferme pas; on veut
généraliser un fait particulier, en faire sortir
une règle devant servir de base à tout un

système. On le proclame vrai parce qu'on l'assied sur quelque chose de prouvé et il se trouve que l'on a fait un raisonnement faux, que l'on s'est trop hâté de généraliser, que l'on a négligé un côté de la questoin.

Certes, dans la recherche de la vérité, on fait souvent fausse route et souvent l'on revient, après d'infructueuses investigations, à ce que l'on avait quitté d'abord comme n'étant pas démontré. Il est indiscutable que l'amour mal entendu des vérités démontrées matériellement offre de graves écueils pour l'esprit et pour la conscience, qui sont plus portés à regarder comme arbitraires les lois religieuses et morales dont la légitimité ne peut se prouver par aucun procédé scientifique.

Quand l'homme est entré dans cette voie, quand il veut rechercher la justification de tout ce qui est, la démonstration de la nécessité théorique des règles existantes, l'ordre social au milieu duquel il vit, reposant forcément sur une base arbitraire et toujours discutable, est bien vite attaqué. Selon qu'il est plus ou moins fortement assis, il résiste plus ou moins longtemps; mais il finit par se modifier progressivement jusqu'à complète et paisible transformation, ou bien il reste à peu près intact jusqu'à un ébranlement final qui jette bas les derniers vestiges du passé. C'est ce qui s'est produit en 1789.

Depuis cette époque le mouvement ne s'est pas arrêté : il s'est prononcé du côté de la démocratie, but où tendent toutes les sociétés, qu'elles aboutissent au despotisme démocratique ou à la démocratie libre. Pour en arriver là, une société aristocratique a sûrement bien des tribulations à traverser : notre démocratie d'aujourd'hui ne s'est pas encore délivrée des instincts aristocratiques au milieu desquels la France a grandi. La transformation réelle n'est pas encore près d'être accomplie.

Mais il est certain que la diffusion scientifique grandira encore, en s'accroissant, la tendance qui nous porte à repousser comme faux tout ce qui ne ressort pas d'un principe naturel et démontré pleinement n'être pas la simple conséquence d'une nécessité d'un moment, transformée en règle immuable par ceux qui trouvaient leur intérêt à l'établir.

Il faut s'attendre à voir attaquer, au nom de la justice, au nom de la vérité, beaucoup de ces choses que nous considérons comme indiscutables et dont nous ne voyons nulle possibilité de nous passer. C'est l'œuvre de la démolition prématurée, œuvre qui rencontre des résistances bien légitimes pour l'arrêter dans sa course trop hâtive.

Car si une société ne doit pas rester immobile, si elle doit se modifier progressivement, il est impossible qu'elle vive quand elle ne conserve pas un temps plus ou moins long les institutions qui la régissent. Si, sous prétexte de perfectionnement, on s'évertue à chercher toujours du nouveau, si l'on ne sait s'arrêter à rien d'une façon constante, et si l'on passe perpétuellement de l'essai d'une innovation à l'essai d'une autre innovation, la dernière fût-elle toujours meilleure que celle qu'elle remplace, on ne peut arriver à un heureux résultat.

Un état social manquant de fixité, n'ayant pas de lendemain assuré, ne peut procurer satisfaction aux membres de la société, amis principalement du repos, en grande partie du moins.

Au milieu de l'exaltation des esprits, portés
à mettre en pratique toute vérité théorique,
on oublie aisément qu'on ne peut réaliser d'un
seul coup tout ce que l'on a pu entrevoir
comme devant découler de l'état de choses
constitué, et on agite continuellement la société sans résultat. On veut aujourd'hui réaliser brusquement la démocratie idéale, sans
s'occuper si c'est possible ailleurs que dans
les rêves des philosophes.

Et cependant, à côté des exagérations on
doit reconnaître une tendance pratique très
accentuée parmi les esprits de l'époque actuelle. On veut que tout donne un résultat
réel et matériel, ce que la science seule a pu
faire par ses applications à l'industrie, d'où
sortira la future *aristocratie*, destinée à tenir
le rang d'opulence occupé jadis par l'aristocratie de naissance. C'est contre cette formation
d'une aristocratie fondée sur le travail et la
fortune que veulent s'armer les socialistes,
qui y voient la menace d'une classe prépondérante au milieu de la démocratie et en dépit de l'égalité décrétée. Le développement
de l'industrie, et avec elle de la richesse, ne

semble pas devoir amener l'égalité des fortunes; il n'est pas démocratique en cela si
l'on veut; mais il l'est en ce qu'il permet à
toutes les intelligences d'arriver à cet enrichissement qui est le point de mire de l'humanité civilisée.

A force de vouloir être pratique, on finit
par s'égarer dans des spéculations irréalisables; à force de vouloir rejeter tout ce qui
n'a pas une utilité immédiate comme inutile
et encombrant; à force de vouloir rester terre
à terre, on ne s'aperçoit pas que l'on s'est créé
un terre à terre tout d'imagination, et au milieu duquel l'homme ne peut vivre s'il n'a rien
qui l'en puisse reposer. C'est bien un peu
par là que l'on pèche aujourd'hui, où chacun
regretterait amèrement de s'élever au-dessus
de *la vie d'affaires* qu'il mène avec tranquilité
et indifférence.

L'homme n'est assurément pas créé pour
ne vivre que d'idées élevées; mais il ne peut
pas cependant s'absorber perpétuellement
dans les idées utilitaires, corollaire naturel
de la tendance pratique que nous constatons.
Disons toutefois que si l'exagération de cette

tendance pratique, provoquée par la science et favorisée par les applications de cette dernière à l'industrie, peut offrir quelque danger, la tendance elle-même n'est pas sans être un progrès de l'esprit humain moins disposé à se laisser égarer par de folles illusions.

Ce n'est du reste pas revenir en arrière que trouver chaque jour un moyen nouveau d'améliorer son existence, que distinguer à l'avance ce qui serait une peine et une fatigue inutiles de ce qui pourrait donner quelque avantage; ce n'est pas revenir en arrière que savoir de mieux en mieux plier la nature à ses besoins, que les mieux comprendre, que les raisonner.

Ce n'est pas pécher par absence de progrès que donner plus de place au raisonnement. C'est bien une course ascendante que celle de l'homme qui, vivant jadis pour ainsi dire d'expédients, pauvre au milieu de richesses qu'il ne comprenait pas, sait aujourd'hui tirer profit de tout ce qui l'entoure et même tourner à son avantage, ce qui autrefois ne lui apportait qu'embarras et difficultés.

Aujourd'hui que l'élan est donné, à peine

une découverte scientifique s'est-elle pro-
duite, que l'on s'ingénie à chercher quel est
l'utilité immédiate à en tirer. On ne tient
pas à satisfaire une simple curiosité en appre-
nant à connaître l'inconnu. Mais de cette ex-
plication même de l'inconnu révélé, on tire
des conséquences que l'on s'efforce de faire
servir aux besoins de la société en travaillant
à exécuter ce que la théorie a démontré être
réalisable : les efforts pour atteindre ce but
sont plus ou moins longs ; mais presque toujours ils ont abouti.

La science ne crée pas : mais elle permet
d'utiliser les ressources inépuisables de la
nature. L'industrie transforme ce qui est mis
à sa disposition, de manière à l'approprier à
la commodité de l'homme.

La première condition pour que le bien-être
général se trouve augmenté, c'est que les objets qui y peuvent contribuer soient à la portée
de tous. Il faut donc qu'ils soient d'un bon
marché relatif et qu'ils soient fabriqués en
quantités considérables. Le bon marché est
le corollaire de la production et de l'écoule-
ment rapides et augmentant chaque jour.

A notre époque, on s'efforce d'abaisser les prix
des objets, de luxe surtout, dans une très
grande proportion, de façon que presque tout
le monde puisse s'entourer des mêmes apparences d'opulence et puisse au besoin se faire
en quelque sorte illusion sur ses propres ressources. C'est un moyen encore d'effacer les
différences de position, de permettre les fré-
quentations sociales sur le pied de l'égalité
dans des cadres à peu près identiques ou tout
au moins dans des cadres tels que le clinquant
de l'un peut presque faire oublier la beauté
de l'autre. On fait encore du beau; mais ce
que l'on désire surtout, c'est faire à bon marché. Autrefois on faisait tout pour le grand
seigneur, maintenant tout pour l'artisan d'hier
devenu le bourgeois d'aujourd'hui. La fortune
d'un grand seigneur d'autrefois représenterait
les ressources de mille bourgeois d'aujour-
d'hui; l'industrie doit abaisser la valeur de
ses productions au niveau des facultés pécuniaires de l'époque.

On tient aussi à fabriquer rapidement; car
arrivé, grâce à des machines, à accomplir en
quelques jours ce que l'on n'exécutait jadis

qu'après des mois de travail, le prix de revient des objets est abaissé de toute l'économie de la main-d'œuvre et ils peuvent être vendus à bien meilleur marché. L'exécution y perd au fond, mais la masse du public peut trouver aisément de quoi se satisfaire ; elle peut se procurer presque tout ce qu'elle désire à des prix relativement minimes. Elle peut céder aisément à son goût pour le luxe, ce que les conditions commerciales d'autrefois ne lui permettaient pas. Et cette jouissance qu'elle se peut procurer, c'est à la science qu'elle la doit. Aussi lui en est-elle reconnaissante et lui demande-t-elle chaque jour quelque perfectionnement nouveau.

L'art pur n'a bien vraisemblablement rien à gagner aux progrès de l'industrie, quoiqu'il n'y ait rien en cela qui le puisse abaisser. Les productions les plus belles peuvent perdre de leur prestige par suite de la vulgarité qu'on leur donne en les reproduisant de mille manières plus ou moins imparfaites. Chacun peut posséder les chefs-d'œuvre de tous genres souvent grossièrement imités. Le sentiment artistique du vulgaire n'a rien à puiser en ce courant industriel ; il pourrait plutôt s'y égarer, nous n'osons pas dire s'y corrompre, quoi qu'en France ce mal ne soit pas encore sur le point de se produire. L'industrie popularise les œuvres artistiques ; elle démocratise l'art.

Entre l'art et l'industrie il se trouve quelques points de contact assez faibles ; l'industrie peut imiter l'art, mais elle ne peut le suppléer.

Pour l'art, la question principale est de faire beau ; il ne s'agit ni de calculer le prix dont l'effort de l'artiste sera payé, ni d'abréger le plus possible le temps donné à l'exécution de l'œuvre. On a bien essayé d'*industrialiser* l'art (qu'on nous pardonne cette expression), mais on est parvenu à créer une branche d'industrie qui ne ressemble en rien à l'art lui-même. On rencontre des ateliers où l'on fait les statues et les tableaux comme l'on fait n'importe quel objet de première nécessité. Les prétendus objets d'art ainsi exécutés servent à orner la demeure de ceux qui, habitués à tout calculer, aiment les chefs-d'œuvre à bon marché et estiment que toute statue en vaut une autre et que les appréciations artistiques n'ont aucun fondement.

Comme les chefs-d'œuvre sont rares et chers, comme fort peu de gens sont capables de les apprécier, ce fut une idée sans doute rémunératrice que d'exécuter des objets, d'apparence artistique, devant flatter par cette apparence seule ceux que la modicité relative de leur prix mettait à même d'en devenir possesseurs. Un luxe qui jadis était réservé aux représentants de l'aristocratie la plus haute se trouve aujourd'hui permis à qui veut le payer. C'est, il est vrai, du faux luxe, c'est du clinquant, c'est de la mascarade artistique ; peu importe, cela produit son effet : il y a les apparences du beau, c'est tout ce qu'il faut pour commander l'admiration et pour satisfaire le goût de ceux qui n'en ont pas !

En dépit de cela, l'art vit toujours et vit avec éclat. Il se fait payer : jamais il ne s'est donné et les grands artistes d'autrefois s'entendaient au moins aussi bien que maintenant à tirer parti de ce qu'ils produisaient. Ils vendaient aux princes ; ils vendent aux industriels et aux financiers ; en quoi l'art peut-il en souffrir ?

L'industrie, en se développant, ne le dé-

truira pas ; peut-être permettra-t-elle d'exécuter mécaniquement certaines choses que
l'on croit encore ne pouvoir bien faire qu'avec
la main : où serait le mal, si l'on obtenait un
résultat aussi satisfaisant avec l'un qu'avec
l'autre ? De ce que la machine supprime-
rait certaines difficultés d'exécution, s'en-
suivrait-il qu'elle pût dispenser l'homme de
toute inspiration ? De ce qu'il aurait à sa
disposition un outillage perfectionné, s'ensui-
vrait-il que le génie créateur de l'artiste serait détruit ? Il n'aurait que de plus puissants
moyens de s'exprimer ; serait-ce un mal ? Le
niveau de l'art s'en trouverait porté plus haut
et les supériorités n'en seraient par conséquent que plus méritantes.

L'industrie a une influence sur l'état social,
surtout en ce qu'elle a donné naissance à une
foule de branches de commerce qui n'auraient pu exister sans elle. L'industrie des
transports a permis de trafiquer sur des denrées qui restaient inutiles faute de moyens
de les utiliser sur place. L'application de la
vapeur à la locomotion a opéré dans la fortune publique une révolution complète qui

13.

n'est pour ainsi dire qu'à ses débuts. Elle a déjà permis de tirer parti de bien des ressources, accumulées en des pays éloignés. La machine à vapeur est une révolutionnaire de la plus haute influence, car elle est la cause d'une modification profonde dans le mode de vivre des peuples. Ce n'est pas ici le lieu de rechercher les innombrables industries, les importantes branches de commerce qui lui doivent leur existence, les forces puissantes qu'elle a mises à la disposition de l'homme, dont elle tend de plus en plus à remplacer le travail manuel.

Avec la facilité de les satisfaire, l'humanité s'est créé de nouveaux besoins. La possibilité de tirer des contrées lointaines tout ce que ces dernières produisent et de l'approprier aux nécessités du milieu social et des conditions climatériques dans lesquelles on vit, a fait naître une foule de spécialités commerciales inconnues, il n'y a pas de très longues années, grâce auxquelles une grande masse d'hommes, qui restaient, non pas oisifs, mais occupés à un travail peu lucratif, a trouvé une voie rapide et sûre pour arriver à la fortune.

Sans même aller chercher jusqu'à l'étranger les causes de l'essor commercial, on peut constater ce que la facilité des transports a permis de tirer de nos campagnes. Là où jadis le paysan cultivait péniblement de quoi se nourrir, lui et sa famille, sans retirer aucun profit autre que celui de ne pas mourir de faim, il trouve aujourd'hui une source de bénéfices importants. Des produits qui se perdaient, faute de consommateurs, sont amenés dans les centres populeux les plus éloignés, et sont remplacés dans le village par des espèces sonnantes qui permettent au paysan d'augmenter l'étendue de ses champs et par conséquent d'acquérir une source toujours croissante de richesse. Les populations des villes trouvent dans l'abondance des produits qui y arrivent, non seulement un moyen d'augmenter leur bien-être, mais encore une modicité de prix assez grande.

L'argent est par le commerce et l'industrie répandu dans toutes les mains. Grâce au prix qu'il retire de ses produits, le paysan peut devenir propriétaire du sol qu'il cultivait comme fermier. Il a ainsi une puissance qui s'accroît de jour en jour, les domaines d'une vaste étendue étant vendus en détail par leurs détenteurs, désireux de tirer de leur fortune un revenu plus considérable que celui que leur procure la propriété foncière.

La détention du sol donne une force immense à ceux qui l'ont entre les mains. L'aristocratie anglaise doit une grande partie de sa vitalité et de son influence aux règles qui la maintiennent en possession presque complète du territoire urbain ou rural de l'Angleterre. Là les propriétés ne sont pas morcelées et sont entre les mains d'une petite fraction de la population dont l'influence se trouve ainsi bien supérieure à ce qu'elle devrait être eu égard à son importance numérique.

En France la propriété du sol sera de plus en plus morcelée et viendra ainsi donner une force nouvelle à l'organisation démocratique de la société. Car il est difficile qu'avec le mouvement industriel actuel il se forme de grandes propriétés foncières, capables par leur étendue de procurer une influence réelle à ceux qui en seraient détenteurs. Il se produira difficilement des agglomérations de propriétés capables de devenir maîtresses d'une région agricole. Il n'y aura vraisemblablement que des domaines d'étendue médiocre donnant à leurs détenteurs, pris isolément, peu de force, mais leur permettant de faire la loi par leur union et leur bonne entente. Les développements de la production industrielle empêcheront du reste la propriété terrritoriale de rependre l'importance qu'elle avait alors que la culture de la terre était la seule richesse pour le pays ou à peu près, qu'il était pour ainsi dire à la merci de ceux qui la cultivaient, n'ayant que de très insuffisants moyens de tirer d'ailleurs que de son propre fonds les choses nécessaires à la vie matérielle.

Ce n'en est pas moins une puissante cause de modifications sociales que cette diffusion de la richesse permettant de changer la répartition de la propriété foncière, occasionnant sa division en parcelles peu importantes, fournissant à chaque homme une fraction plus ou moins grande du sol sur lequel il vit.

Le mouvement donné aux capitaux par les travaux industriels de toutes sortes a contri-

bué puissamment et contribuera toujours
à transformer la société, à en changer les
règles. La richesse devenue plus mobile, passera rapidement de mains en mains, quittant
celui dont le travail s'est arrêté pour celui qui
au contraire emploie toute ses forces à une
industrie quelconque.

Avec l'extension de la fortune mobilière
s'est développée la spéculation qui permet les
enrichissements rapides comme les ruines
instantanées, et fait du pauvre d'hier le riche
d'aujourd'hui, replongeant aussi dans la mé-
diocrité celui qui la veille brillait par son opulence. La spéculation à laquelle nous faisons
allusion est celle qui se produit sur les valeurs
de Bourse. Mais il est une autre spéculation,
ayant des conséquences moins rapidement
avantageuses ou désastreuses, et plus répandue dans la masse du public; c'est celle qui
s'opère sur tous les objets commerçables, et
qui permet à celui qui la tente d'amasser en
quelques années de quoi vivre honorablement
et tranquillement, sinon luxueusement. C'est
l'origine principale de la classe bourgeoise,
c'est ce qui la développe et ce qui favorise le

plus la constitution démocratique de la société. Car elle fournit à chacun le moyen de s'enrichir rapidement et lui permet ainsi de se procurer des jouissances qui, dans de tout autres conditions, seraient réservées à des privilégiés. En une telle situation l'argent devient la plus grande force pour ne pas dire la seule force réelle. C'est vers son acquisition que convergent tous les efforts, travaillant ainsi à lui donner une circulation plus active d'où résulte naturellement une richesse générale plus grande et plus équitablement répartie. L'argent est le plus sûr moyen de s'élever; aussi est-ce une fièvre toujours croissante que celle de l'or, dont on ressent de plus en plus le besoin et qui semble d'autant plus précieux qu'il est plus abondant et que l'on est plus accoutumé à lui demander la satisfaction de ses désirs.

Les distances que la naissance mettait jadis entre les hommes sont comblées par la richesse qui est ainsi un agent puissant de la fusion des diverses classes et, par suite, de leur effacement.

Au milieu de la lutte pour la fortune ra-

pide, il n'est que juste de constater que l'honnêteté règne encore en souveraine dans les
transactions commerciales faites par le Français, qui, au dire des étrangers impartiaux, est
celui qui sait le mieux tenir ses engagements,
et qui cherche le moins à frauder sur la qualité de la chose vendue. Nous devons ajouter
que la concurrence, en se développant, n'est
d'ailleurs pas faite pour autoriser la tromperie et qu'elle ne peut qu'aider au maintien
des sentiments d'honneur qui sont une des
marques du caractère français. Celui qui sait
être le plus honnête est celui qui, en somme,
attire le plus de capitaux à lui et qui, tout en
satisfaisant le public, parvient le plus rapidement à amasser les ressources financières
nécessaires pour vivre selon ses goûts. L'honnêteté et, par suite, la confiance, sont même
devenues, non plus une affaire de conscience,
mais aussi de réclame. Le consommateur
accourt avec empressement chez ceux dont
la parfaite loyauté est prouvée. C'est l'idée
qui préside aux grandes entreprises industrielles et commerciales, fondées généralement par le concours de capitalistes plus

ou moins nombreux. Ces sortes d'associations semblent devoir tuer, dans un avenir assez rapproché, tous les petits commerces qui n'ont à leur disposition que des fonds d'une importance minime, et former ainsi une sorte d'aristocratie commerciale, absorbante et dominatrice. La puissance des associations financières, la prépondérance qu'elles exercent aisément sur tout ce qui les entoure appartient, il est vrai, à une collectivité, formant une personnalité légale, une personne morale constituée surtout au point de vue des intérêts personnels de ceux qui s'y trouvent comptés ; mais, formant ainsi un tout dont les parties sont solidement liées entr'elles, elle n'en a pas moins une force énorme.

On peut constater ce qu'a permis d'accomplir l'association des capitaux, en tout ce qui concerne l'industrie, le commerce, les voies de communication, la navigation. On peut aisément reconnaître que la plupart des travaux exécutés eussent été impossibles sans l'union intime de forces financières, pour ainsi dire stériles, abandonnées à elles-mêmes, et irrésistibles par leur réunion.

C'est une conséquence obligée de la répartition des richesses entre un nombre infini de mains que cette association des ressources privées quand il s'agit de faire un grand effort nécessitant, pour arriver à bien, une direction unique appliquée à un faisceau de forces. Ces associations ayant procuré, là où elles étaient commandées par la nécessité, non seulement de grands avantages à la société, mais encore de grands avantages à ceux qui avaient fourni les capitaux, on pensa avec justice que, même là où elles n'étaient pas nécessaires, où l'effort d'un capital minime était suffisant, la puissance développée par une masse de capitalistes unis ne pouvait qu'avoir pour ceux-ci d'avantageuses conséquences. Car, toute proportion gardée, une grande quantité d'argent produit par son travail bien plus qu'un capital peu important.

Les sociétés, dont l'invention n'est pas d'aujourd'hui, ont pris un développement immense dans l'état de choses actuel qui leur est favorable et qui offre, bien plus qu'autrefois, des occasions de mettre en mouvement les ressources financières. Plus les perfectionnements apportés à l'industrie augmenteront, plus la nécessité de constituer des associations financières se fera sentir. Plus l'homme aura de moyens puissants à sa disposition, plus il voudra tenter de grandes entreprises et plus, par conséquent, il lui sera nécessaire d'avoir, pour leur exécution, des forces pécuniaires constituées par l'apport de chacun.

Or, ces sociétés sont bien démocratiques en ce sens qu'elles sont ouvertes à tout le monde, aux fortunes les plus minimes comme aux plus considérables, et qu'elles fournissent ainsi un moyen de faire rendre à tous les capitaux engagés un bénéfice égal pour chacun et en proportion exacte avec son apport pécuniaire. Elles permettent à ceux qui auraient des ressources trop faibles pour tenter quelque chose par eux-mêmes, de faire fructifier ce qu'ils possèdent en même temps qu'ils concourent à l'exécution d'une entreprise souvent utile et dont la réalisation doit être une source d'enrichissement général. Aujourd'hui aucun capital, si petit soit-il, ne reste oisif : les manières de l'employer sont tellement nombreuses que l'on n'a plus que l'embarras du choix.

La fortune de chacun se trouve ainsi entièrement indépendante, libre de se porter vers ce qui lui semble le plus avantageux, de se retirer de ce qui menace ruine ou qui ne donne pas les résultats espérés. Il y a liberté entière de faire fructifier à sa guise ce que l'on possède et non pas seulement liberté, mais facilité extrême.

Dans un temps où les fortunes peuvent si aisément se constituer et s'accroître, l'envie des déshérités de la richesse ne peut que devenir plus mordante; voyant aussi qu'il est si aisé de jouir de ce que l'on a acquis, d'en jouir comme on l'entend, ils sentent encore davantage la différence de situation existant entre eux et ceux qui possèdent, et l'âpreté de leurs regrets les pousse à se considérer d'autant plus comme des victimes que les autres leur semblent plus heureux.

Comprenant que s'il est difficile de faire venir à soi la richesse alors que l'on ne possède rien, ils voient autour d'eux des hommes à qui un mince capital a servi de base pour

construire une fortune, et il leur vient l'idée
qu'une injustice a été commise à leur égard;
que les quelques pièces d'or qui leur per-
mettraient de tenter fortune avec chance de
succès, leur sont dues, en quelque sorte,
par la société dont ils occupent les derniers échelons, sans réfléchir, d'ailleurs, si
leur amour du bien-être ne les pousserait pas
à dissiper par avance ce qui devrait faciliter
leur enrichissement.

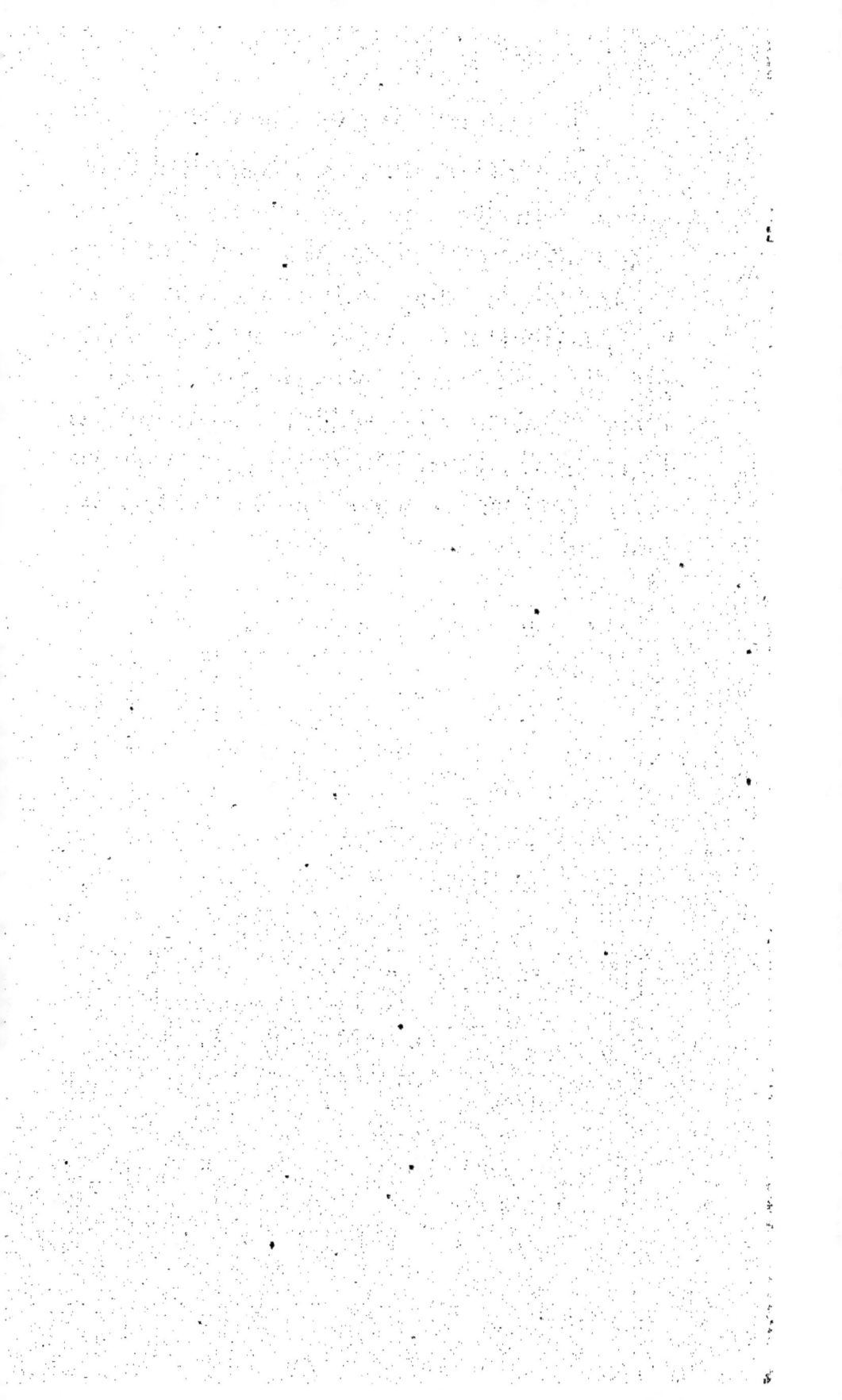

CHAPITRE VII

L'Esprit politique

L'agitation et l'inertie. — Monarchistes et républicains. — Les indifférents désintéressés et les habiles. — La recherche d'une voie sûre. — Les égareurs et les égarés. — Le tact politique. — Le bon sens et la passion. — L'amour de la liberté et le besoin d'être dirigé. — L'égalité et les habitudes monarchiques. — Les conséquences des révolutions. — Le découragement et l'abandon. — La résistance et le progrès. — L'antipathie pour les concessions. — Les extrêmes et les modérés. — L'influence des uns et des autres. — L'intelligence de la situation et l'inutilité des efforts tentés pour arriver au résultat indispensable. — *La conjonction des centres* et les questions de forme de gouvernement. — L'assentiment donné aux solutions hardies mettant fin à l'indécision publique. — Les discussions politiques et l'impossibilité de s'entendre. — Notre société et les désirs de réformes. — Le droit de critique politique et le suffrage universel. — La démocratie et ses conséquences au point de vue politique et gouvernemental. — L'esprit de parti. — L'impersonnalité du principe d'autorité et son identification avec un homme. — Les principes de gouvernement.

L'époque que nous traversons est marquée, en ce qui touche la politique, par une inquiétude et un mécontentement des esprits, sentant qu'ils ont des besoins qui ne sont pas satisfaits et comprenant aussi que parfois ces besoins sont exagérés, de manière à devenir dangereux pour le pays qu'ils énervent de leurs manifestations, sans qu'il soit raisonnablement possible d'y satisfaire, parce qu'étant multiples, ils se trouvent souvent opposés les uns aux autres. La question politique et la question sociale sont étroitement unies. Car, au fond de toutes les luttes qui agitent la France, pour son plus grand dommage, il n'y a pas seulement contestation sur la forme de gouvernement, mais aussi et surtout sur l'organisation sociale, jugée trop peu franchement démocratique par ceux qui, formant le nombre, veulent qu'il soit la loi et la puissance. S'il ne s'agissait en somme que de la suppression d'une institution gouvernementale, on n'apporterait pas à la lutte de part et d'autre la même énergie; mais sentant que la chute de certaines institutions politiques ouvrirait la voie à la démolition pièces à pièces de l'édifice social, ceux qui s'en trouvent à peu près satisfaits résistent, souvent sans motif apparent, à des concessions qu'ils regardent comme devant entraîner de trop graves conséquences.

D'une telle situation résultent des craintes exagérées de part et d'autre, des défiances qui ne font que s'accroître, des animosités qui s'enveniment et retranchent chacun derrière ses prétentions, des agitations qui finissent par lasser et par ne produire qu'une inertie générale, qu'un dégoût pour la vie politique, qu'une capitulation des modérés entre les mains des audacieux.

C'est dans ces conditions que l'on veut qu'un pays se gouverne lui-même. C'est quand la partie la plus influente de la nation se désintéresse des affaires de l'État que l'on croit bien choisi le moment d'abandonner la France à elle-même?

Si les citoyens éclairés tenaient à cœur de bien remplir leurs devoirs politiques, il n'y aurait nul péril. Mais au milieu de l'inertie dont ils font preuve, inertie qui favorise l'agitation, grâce à laquelle *la queue espère mener la tête,* ce serait exposer l'existence même de notre nationalité que laisser trop aller, que laisser trop faire, alors que ceux qui veulent détruire ne trouvent pas dans les membres de la société même assez de vigueur pour empêcher leurs excès.

C'est un spectacle étrange que celui qui est donné par la France depuis bien des années. Elle est divisée en deux fractions principales, dont l'une s'agite perpétuellement pour arriver au pouvoir et dont l'autre se trouve comme paralysée dès qu'il s'agit de lutter pour conserver ce même pouvoir. La première ne veut pas un chef qui la conduise à sa guise, mais une sorte de fondé de pouvoirs respectueux de ses désirs. La seconde a besoin d'un chef qui lui donne l'impulsion qu'elle ne peut puiser en elle-même. La première marche et s'agite toujours ; la seconde semble s'être fait une loi de l'inertie qui est devenue le trait saillant de son caractère. Celle qui veut commander est la partie la moins en état de le faire, et celle qui veut que quelqu'un commande pour elle et en son nom compte le plus grand nombre des hommes en état d'imprimer par eux-mêmes une direction éclairée aux affaires publiques. La fraction qui réclame pour le pays le droit de se gouverner lui-même, qui demande qu'il ne fasse pas abandon de ses destinées, lutte avec espérance et énergie ; l'autre, celle qui veut un gouvernement prenant sur lui tous les soucis de la politique, n'aspire qu'au repos sans avoir la vigueur nécessaire pour se l'assurer et se consume en regrets qui témoignent de sa profonde lassitude et de son apathie pour la vie publique.

Elle veut que le calme lui soit assuré et elle ne sait rien faire pour imposer sa volonté, qu'un peu de résolution dans la conduite rendrait aisément prépondérante. Il faut qu'une main ferme la protége ; et pour que cette main ait toutes ses sympathies, il faut que la tête qui la dirige sache ne pas exiger d'efforts de la part de ceux qu'elle domine.

Le gouvernement de son rêve est celui qui lui donnerait tous les avantages matériels, ne lui commanderait que ce qui est conforme à ses goûts, et ne lui parlerait jamais des réformes possibles ; car tout changement lui est suspect... quelquefois non sans raison.

Car si son inertie est blâmable, l'agitation entretenue par les autres n'est guère profitable au pays. Ces derniers trouvent tout dé-

testable dans le présent et ne réclament que
changements, sans s'occuper s'ils sont possibles, si au lieu d'améliorer leur condition ils
ne la rendraient pas plus mauvaise, et si l'état
général de la nation n'en serait pas fâcheusement impressionné. Ils ne veulent pas de chef,
parce qu'ils savent fort bien qu'un homme
maître du pouvoir, mieux à même que la
multitude de juger des avantages et des inconvénients d'une entreprise, s'opposera toujours
à la réalisation de plans pouvant mettre en
péril l'édifice social par les événements qui
en découleraient logiquement et qui échappent à la clairvoyance de leurs propagateurs.

Des deux côtés il y a de la bonne foi ; des
deux côtés il y a des gens sincères qui tous
cherchent leur satisfaction, qui tous concourent au même but, quoique par des moyens
tout opposés. Les uns, satisfaits de leur sort,
croient que ce qui améliorerait celui des
autres ne pourrait que leur nuire; les autres
sont convaincus que la vie, qui leur semble
pénible aujourd'hui, deviendrait aussitôt pour
eux heureuse et prospère, s'il était en leur
pouvoir de réaliser d'alléchantes théories : Ils

voudraient arracher aux premiers l'influence
politique pour faire servir celle-ci à la réalisation de leur rêve de bonheur. .

Il s'est ainsi formé deux grands courants,
l'un favorable à la forme monarchique, l'autre
à la forme républicaine. Le premier reste immobile, lorsqu'il n'a plus de souverain pour
le diriger; le second se répand partout, ravageant et renversant quand il est en possession
de sa liberté et n'a comme adversaire que le
courant opposé abandonné à lui-même.

Parmi les monarchistes, il s'en trouve dont
les idées sont aussi libérales que celles des
républicains; mais ils n'osent pas en préco-
niser la mise en pratique dans la crainte d'être
reniés par la partie *irréconciliable* de la
fraction à laquelle ils sont rattachés. Ceux
qui ne veulent plus de la monarchie ne sont
pas tous disposés à des transformations radicales de ses institutions. Mais presque toujours, rejetés par les monarchistes pour avoir
soutenu la nécessité de quelques changements, ils exagèrent, pour se faire bien recevoir dans la fraction opposée, leurs idées de
réformes et de modérés au fond deviennent

.14.

extrêmes en apparence. C'est le calcul qui
les y pousse, de même que c'est aussi pour en
tirer quelque profit qu'un grand nombre de
personnes, au mépris de leurs appréciations
et quelquefois de leur conviction intime, se
montrent plus ardentes que tous les autres
à combattre les changements politiques. La
vraie honnêteté, la droiture scrupuleuse ne se
rencontre pas aisément au milieu des choses
de la politique. Elle se trouve bien souvent faussée plus ou moins par les besoins personnels du
moment et par une foule d'influences secondaires, dont les hommes d'autrefois n'étaient
ni plus habiles, ni plus empressés à se débarrasser que ceux d'aujourd'hui. Peu d'hommes
ambitieux étant assez forts et assez courageux pour se frayer un chemin seuls, en
butte aux attaques et sans espoir immédiat
de voir récompenser leurs efforts, ceux qui
veulent s'élever accommodent leur conscience
au mieux de leurs intérêts, et personne n'y
trouve rien à redire s'ils réussissent. Ce n'est
pas là une défectuosité spéciale à la démocratie ; on la retrouve tout aussi visible au
sein d'une société aristocratiquement compo-

sée. Seulement quand une société est ce qu'est la nôtre aujourd'hui, on a, à chaque moment, l'occasion de constater l'influence de l'intérêt personnel, voyant autour de soi des ambitions de tout ordre s'agiter et montrer leur mesquinerie au grand jour. Pouvant plus facilement se satisfaire, elles surgissent plus nombreuses ; toute barrière étant brisée, le petit, pouvant devenir grand s'il est assez habile, ne résiste pas à la tentation, et pesant le résultat à obtenir et les moyens divers qui peuvent le lui procurer, parmi ceux-ci il choisit les plus faciles, qui ne sont pas toujours les plus méritoires ni les plus recommandables.

Avec le droit de suffrage et la facilité donnée au peuple de déléguer ses pouvoirs à qui bon lui semble, on ouvre une large porte aux ambitions qui n'ont besoin pour être légitimées par un vote populaire que d'audace et souvent d'impudence. Il suffit d'afficher bien haut quelques idées en vogue pour gagner un renom, une célébrité, une puissance.

Mais il en est d'autres qui ne cherchent pas ces sortes de satisfactions et qui en préfèrent de plus paisibles. Ils évitent les orages politiques et se font comme un devoir de s'en désintéresser. Ils n'ont pas d'ambition, si ce n'est celle du repos : peu leur importe ce qui se passe autour d'eux. La vie publique les excède et ils sont indifférents à tout ce qui s'y rapporte. Ils demandent qu'on ne change rien à ce qui est; mais ils aiment encore mieux voir bouleverser l'état que faire acte de citoyen.

Il y a une autre catégorie, composée des hommes habiles, qui, par calcul seul, se désintéressent de la politique et s'efforcent, en approuvant tout, de s'assurer dans les divers camps des protecteurs disposés à les employer comme instruments. Plus un pays est divisé au point de vue des opinions politiques, plus cette catégorie de personnes devient importante, un peu par nécessité, beaucoup aussi par difficulté de faire choix d'une opinion ; plus la nation est agitée par les partis, plus cette catégorie de personnes se remarque à cause de sa réserve sur des sujets qui passionnent tous les autres.

Depuis 1870, c'est incontestablement ce qui se passe chez nous. C'est ce qui se reproduit toutes les fois que l'on mêle directement, et sans frein comme sans mesure, la nation à la politique. Sous un régime bien assis il ne se produit pas de ces sortes de choses, du moins sur une aussi vaste échelle; car il n'y a pas à craindre qu'une opinion politique émise un jour devienne le lendemain une cause de disgrâce ou tout au moins de désagrément.

L'influence des intérêts personnels sur la politique est certainement peu faite pour la mener franchement dans une voie sûre. Quand cette voie est bien tracée, il est souvent difficile de s'y maintenir; à plus forte raison, quand on est occupé à en chercher une nouvelle ou plutôt à distinguer, parmi les diverses routes qui mènent au but, celle qui est la plus directe tout en étant la moins dangereuse, faut-il redouter les fausses directions, données soit par calcul, soit par légèreté. Mais c'est précisément alors qu'il s'agit de trouver son chemin qu'il se présente une foule de guides, plus ou moins sincères, plus ou moins éclairés, qui veulent entraîner la nation hésitante, chacun de son côté. C'est alors qu'apparaissent ceux qui poussent le pays à ne remettre à personne ses destinées, espérant qu'au milieu du chaos produit par les divergences forcées d'opinions ils pourront s'élever et réaliser leurs désirs.

De nos jours on s'efforce de chercher la ligne politique qui convient à la France, au caractère de ses habitants, aux tendances actuelles des esprits. On s'adonne avec ardeur à étudier la solution du problème social et politique ; et pour vouloir obtenir un bon résultat trop vite, en négligeant certaines opérations, indispensables préliminaires de l'opération finale, on n'a que des solutions fausses qui obligent à revenir en arrière. On fait certes de louables efforts ; mais les conseils prudents ne sont pas les plus écoutés et, alors qu'on repousse les tâtonnements comme trop longs, on est obligé de confesser qu'ils eussent été, en fin de compte, plus rapides dans leurs effets qu'une course inconsidérée sur une route mal éclairée. On ne veut rien donner à l'arbitraire ; mais on s'empresse trop de s'en croire délivré (autant qu'il est possible de l'être), et l'on reconnaît bien vite que l'on n'a fait qu'en changer les principes, et qu'il est toujours roi.

C'est une fort louable intention que celle qui guide les esprits d'aujourd'hui dans la recherche du vrai dépouillé de tout ce qui pourrait le dénaturer. C'est une noble idée que vouloir éviter l'arbitraire ; mais c'est chose bien difficile qu'arriver à la réaliser d'une façon sérieuse, et l'on est exposé à s'égarer bien aisément au milieu d'utopies séduisantes alors que l'on croit avoir atteint au but rêvé.

Ceux qui veulent alors abuser de la confiance populaire ont beau jeu ; ils ont matière à exercer leurs talents. Ils peuvent séduire, tromper, égarer tout à leur aise, en conservant encore autour de leur nom comme un reflet de grandeur d'âme. Ils passent pour avoir des intentions fort louables ; ils ont toutes les apparences du dévouement aux idées qui doivent faire leur fortune, mais ils n'en ont que les apparences. On rencontre aussi des théoriciens enthousiastes et convaincus qui viennent, sans arrière-pensée, soutenir les premiers de leurs raisonnements séduisants d'honnêteté et de désintéressement, empreints de l'amour de l'humanité et du désir ardent de la rendre plus heureuse.

Le vulgaire s'enflamme aisément à de semblables doctrines. Il demande qu'on les lui mette en pratique; et il lui faut reconnaître, après d'infructueux efforts, qu'on l'a conduit dans une route sans issue, quoique les abords en fussent remplis d'alléchantes perspectives, qu'il doit oublier pour reprendre tout prosaïquement le chemin dédaigné à cause du peu d'attraits qu'il laisse entrevoir, du trop peu de moyens par lui offerts à la satisfaction des désirs, des intérêts, des ambitions. Toutes les fois que l'on fera à l'homme des promesses brillantes, toutes les fois qu'on lui montrera un prétendu moyen de combler ses vœux, il se fiera à ceux qui lui parleront ainsi. Et, chose étrange, il les croira d'autant mieux que ce qu'on lui promettra sera plus irréalisable, dans le présent du moins. Ce que l'homme pris individuellement négligerait comme étant du domaine des rêves, pris en masse, il le concevra possible; bien mieux il croira déjà le tenir.

Il est toujours aisé, étant donné surtout le

fond du caractère français, d'entraîner les masses et, par suite, de les tromper intentionnellement ou non. C'est un danger inhérent à la forme démocratique. On ne peut pas le supprimer, mais on peut prendre le soin de l'arrêter dans ses conséquences les plus périlleuses.

Certainement, parmi une population dont l'éducation politique serait plus avancée, le péril serait moindre, mais il existerait toujours. Pour qu'il fût supprimé, il faudrait une société dont chaque membre fût en état d'apprécier les besoins de la collectivité dont il fait partie et de les apprécier avec impartialité, sans les sacrifier complètement à ses intérêts personnels. Abstraction faite de l'intérêt individuel, il faut supposer à chacun une grande somme de connaissances et une certaine profondeur d'intelligence, pour espérer qu'il pourra arriver à n'agir qu'avec réflexion et raisonnement ; que, par conséquent, il saura éviter les entraînements d'un moment ; ce serait la réalisation d'une société parfaite. Nous n'en sommes pas là.

Il est fort peu de gens, en somme, se donnant la peine d'étudier sérieusement les divers organes gouvernementaux ; il n'en est pas un grand nombre à même de les bien comprendre et de juger sainement de l'opportunité ou de la non-opportunité de leur transformation. Il ne semble pas que, même parmi les hommes d'une culture intellectuelle au-dessus de la moyenne, le tact politique soit chez nous très avancé.

Il se développe à pas très lents au milieu des contradictions et des obscurités qui en résultent ; on en peut constater quelques symptômes quoiqu'on ne puisse pas avoir en lui une confiance absolue.

Chacun cependant s'imagine l'avoir à un très haut degré, puisque le premier venu se croit appelé à gouverner les autres. Chacun se figure que la science de conduire les hommes est un don fait à tous, que rien n'est plus aisé que d'accommoder les intérêts, les passions des individus avec les intérêts et les passions de la foule. On ne semble pas se douter des difficultés que peuvent soulever à chaque pas les questions les plus simples en apparence.

C'est bien une grande qualité que savoir en toutes choses garder la mesure, que résister aux entraînements : sans cette qualité, le tact politique n'existe pas réellement. Est-ce bien là une qualité du Français, et ne pécherait-il pas plutôt par une tendance marquée à l'exagération ? On peut répondre affirmativement sans craindre d'être accusé de mal juger ; car on a sous les yeux une foule d'exemples de ce travers. Ce n'est pas que le Français manque de bon sens, comme on le dit parfois à tort. Seulement il lui arrive fréquemment d'oublier la voix de son bon sens pour n'obéir qu'à celle de sa passion qui, bien vite, en tout, lui fait dépasser la sage mesure, et qui l'empêche de distinguer sainement ce qu'il est bon de faire et ce qu'il est bon d'éviter. Il met au service de sa passion, pour la justifier à ses yeux, une logique faussée souvent en théorie et plus souvent encore fertile en conséquences irréalisables.

Il est certain que le tact politique ne peut nullement sortir d'un tel état de l'esprit. Mais cette tendance de l'esprit provenant surtout de l'irréflexion peut être combattue efficacement par une culture intellectuelle, donnant à l'homme l'habitude de voir les choses moins superficiellement que ne le ferait un ignorant n'ayant aucun moyen de s'éclairer sur ce qui se passe autour de lui.

On dira peut-être que pour être un homme très pratique et de beaucoup de bon sens, il n'est pas nécessaire d'avoir reçu une instruction bien étendue et que certaines connaissances sont bien inutiles pour la vie de la plupart. C'est très vrai ; seulement l'homme qui est rempli de bon sens, dans tous les actes de sa vie personnelle, peut en manquer totalement quand il s'agit de régler des intérêts d'un ordre plus élevé. De ce qu'un homme sait se conduire sagement, il ne résulte pas qu'il puisse, par la seule puissance de sa raison et sans le secours d'aucun mode de renseignements, se faire juge équitable de la qualité bonne ou mauvaise d'un procédé gouvernemental.

Aujourd'hui, c'est bien par là que l'on pèche ; car l'on n'est pas encore fait à la vie politique. On veut apprécier sans prendre la peine d'examiner ; on veut s'ériger en juge de ce que l'on ne connaît que par des rapports erronés. On ne sait pas ce dont on peut parler en connaissance de cause. Comme citoyen on se reconnaît tous les droits, et il semble que ce simple titre confère toutes les capacités. Et, en réalité, chacun en jouissant à un égal degré, on en vient à croire qu'il apporte avec lui le droit de se mêler de tout ce qui a rapport au gouvernement. On oublie que si les citoyens sont égaux, les hommes ne le sont pas et que, quoique l'on fasse, on ne parviendra pas à les rendre tous de la même valeur. Il faudrait que l'on eût le bon sens de comprendre où doit s'arrêter cette égalité au point de vue de l'influence gouvernementale. Mais on en est fort loin, et cette situation politique est bien le résultat de l'état social actuel où tout est confondu.

Il est certain qu'en réfléchissant un peu et surtout en étudiant les questions compliquées qui touchent aux affaires de l'Etat, ceux qui les tranchent si cavalièrement en paroles, commenceraient à en concevoir la difficulté et à comprendre qu'il n'est pas donné à chacun de se rendre compte de certains besoins sociaux, dont les causes multiples et souvent peu aisées à démêler demandent un esprit sagace et des observations aussi suivies que scrupuleusement faites. Mais, du reste, la très saine appréciation des nécessités politiques exige que l'on mette de côté toute passion ; et il n'est pas probable que le caractère français change jamais assez sur ce point pour que les entraînements soient pour toujours bannis de la politique. Toutefois, on est en droit de croire qu'au fur et à mesure que le pays verra de plus près les choses du gouvernement, il se laissera moins aisément et moins souvent emporter à des jugements erronés sur ses propres besoins et sur les intentions de ceux qui veulent les satisfaire raisonnablement.

La passion, qui souvent emporta le Français loin de la ligne de conduite que son bon sens lui avait tracée, le pousse à une soif exagérée et inconsidérée de liberté, alors qu'il comprend fort bien qu'à chaque instant vient se faire sentir la nécessité d'une direction. C'est chose fort désirable que la liberté complète toutes les fois que l'on sait n'en user que dans des limites raisonnables. Mais par cela seul que l'on est absolument libre, on assume sur soi toute la responsabilité des affaires publiques; chaque citoyen en a sa part. C'est un devoir de plus qui lui est imposé, et qu'il évitait alors qu'il s'en remettait à quelqu'un du soin de diriger le gouvernement.

C'est chose fort séduisante d'avoir toute liberté d'allure; c'est flatteur pour la vanité d'un peuple de se pouvoir conduire seul. Mais cette liberté même, devient pesante s'il n'y a pas dans le pays un courant nettement dessiné pour une marche quelconque à imprimer à la politique et s'il est divisé sur diverses questions capitales. On erre alors à l'aventure, cherchant d'un côté ce qu'on n'a pu trouver de l'autre, ballotté en tous sens sans résultat favorable aux intérêts particuliers et collectifs, lassé même de se sentir libre et désireux d'une solution que l'on est incapable de trouver soi-même.

Aujourd'hui on en est bien là : on veut de la liberté. On en a et l'on s'en plaint parce que l'on sent fort bien qu'une ligne de conduite nettement tracée et scrupuleusement suivie serait bien préférable à des fluctuations sans fin.

On comprend qu'avec le droit de suffrage tel qu'il est chez nous, il faut se ménager une sorte de défense contre les incessants revirements de l'opinion publique, qui, abandonnée à elle-même, passe si aisément d'un extrême à l'autre.

On aime la liberté; on en est épris. Mais on se dit bien souvent qu'elle ne procure pas rien que des avantages, quand elle est donnée sans réserve à un peuple non encore mûr pour en user avantageusement, et qu'une main énergique dirigeant la société dans les voies tracées par les tendances de l'époque n'est qu'une source de force et de cohésion pour la nation, dont elle facilite la prospérité en lui assurant le calme et la sécurité.

La France, du reste, quoi qu'on en dise, quel que soit le titre que l'on donne à son gouvernement, si amoureuse qu'elle soit de l'égalité, a des habitudes esssentiellement monarchiques, qui ne se peuvent changer d'un seul coup et qui influencent profondément son état politique. Elle se trouve en effet animée de désirs dont la réalisation même contrarie ses allures, et elle s'épuise à chercher le moyen de concilier les tendances de son esprit avec ses mœurs. Cette situation ne fait qu'accroître son embarras lorsqu'il lui faut se diriger elle-même, et elle explique ses hésitations à s'engager dans une voie quelconque ainsi que les retours imprévus à celle qui semble être délaissée à jamais.

La propre turbulence de notre esprit occasionne de fréquents dérangements à nos habitudes; nous satisfaisons le premier en contrariant les dernières, puis nous cédons à leur action et les reprenons entièrement après nous en être écartés quelque temps.

Ce sont là les fluctuations dont la France donne le spectacle depuis le commencement de ce siècle, faisant à chaque moment d'infructueux efforts pour rompre avec le passé et y revenant avec plaisir, après cependant l'avoir accommodé au goût du présent autant qu'il a été possible. On s'aperçoit que changer l'étiquette gouvernementale ne sert à rien si en même temps les citoyens ne se sont pas mis en mesure de vivre conformément au mode de gouvernement représenté par cette étiquette. On reconnaît que l'on s'était fait

15.

illusion sur son propre compte, que l'on avait mal jugé de ses aspirations, que l'on est incapable de les réaliser dans le présent; et ce que l'on a déjà compris plusieurs fois, on sera obligé de le confesser longtemps encore.

Car si chaque tentative ne laisse pas que de produire quelques résultats heureux, la première conséquence de son insuccès est de jeter le découragement chez ceux qui sont obligés de s'incliner devant la force des choses et de plier devant la stérilité de leurs efforts. Les difficultés à vaincre pour arriver au but poursuivi le font aisément abandonner de ceux qui n'y sont pas très sincèrement attachés et qui ne se sont pas trop compromis à le défendre.

Or, on doit reconnaître que l'esprit général ne sent pas la nécessité d'une transformation gouvernementale d'une façon assez sérieuse pour qu'il se résigne aisément à supporter les complications inhérentes à tout changement de régime, et que la perspective d'un avenir séduisant le fasse passer sur un présent tout d'agitation et d'excès, et oublier un passé très satisfaisant pour le plus grand

nombre. Devant un changement accompli,
on s'incline jusqu'au jour où une occasion se
présente de revenir à la forme renversée.
C'est notre histoire depuis 1789; et quoique les
idées libérales aient pris chez nous un grand
développement, on n'en est pas encore arrivé
à considérer la forme monarchique comme
incompatible avec elles, et comme impossible
dans l'état actuel de la société. Elle semble
au contraire une garantie de sécurité telle,
qu'après toute révolution on n'espère encore
qu'en elle seule pour réparer la désorganisa-
tion, conséquence naturelle et première de
tout essai de changement complet dans la
forme du gouvernement.

Découragé par des essais infructueux, lassé
de se préoccuper inutilement de questions
longues et difficiles à résoudre, on se laisse
aller à l'abandon, facilitant ainsi à un parti
quelconque l'accès du pouvoir. On reçoit alors
de ce parti l'impulsion et la direction auxquelles on trouve, dans les premiers temps,
un certain charme, pour arriver plus tard à
ne les supporter qu'avec impatience, à ré-
clamer la liberté sans contrôle dont on s'est

trouvé, quelques années auparavant, inhabile à tirer profit.

Au milieu des tentatives de tout genre que l'on s'est efforcé de faire pour arriver à trouver la forme de gouvernement en rapport avec l'esprit du temps, le pays s'est divisé en courants nombreux, convergeant souvent vers un même but, vers un même régime, mais par des voies diverses. Ces divisions, parfois basées sur des considérations plus subtiles que réelles et entretenues par l'ambition personnelle et le vaniteux désir de faire prévaloir sa façon de penser pour en tirer l'avantage promis, sont sans doute le prélude d'une entente pour l'avenir. Mais en attendant, on a fait de la situation présente un dédale d'où il est sûrement malaisé de sortir sans que la génération actuelle ait à en souffrir.

Dans ce travail de recherche auquel on se livre, chacun au point de vue de ses intérêts et de sa satisfaction personnelle, on semble prendre à tâche, sous le prétexte d'être pratique, de ne voir qu'un côté des choses. On voit, d'une part, des personnes qui veulent résister quand même à toute idée d'innovation,

sans s'occuper si elles sont en état de soutenir cette résistance ; on en rencontre d'autres
qui proclament très haut la nécessité de faire
des concessions à *l'esprit de progrès*, et qui
ne se trouvent jamais satisfaites de la manière
dont on les peut faire et des conséquences
devant logiquement en découler ; on en rencontre d'autres qui, sous prétexte de progrès,
veulent, sans s'occuper des intérêts puissants
et innombrables auxquels elles vont se heur-
ter, accommoder toutes les institutions en conformité avec une théorie qui ne se trouve pas
toujours en parfait accord avec l'état social.

Beaucoup de gens tiennent à la forme du
gouvernement, à son nom, et résistent énergiquement à toute tentative faite pour changer l'étiquette, croyant y voir péril social.
Beaucoup d'autres veulent un autre nom,
espérant qu'il tiendra logiquement tout ce
qu'ils y voient contenu. On concentre sur des
mots toute l'énergie de la résistance et l'on
fait consister tout le progrès en des changements de nom qui, dans l'intention de ceux-
là même qui les prônent, ne servent qu'à
masquer la continuation illogique de ce dont

on a effacé l'enseigne. Car, en réalité, ceux qui veulent résolument des modifications politiques sont ceux qui réclament aussi contre l'organisation sociale; et le plus grand nombre des personnes qui demandent à grands cris des modifications gouvernementales tiennent à la conservation sociale actuelle, et croient pouvoir satisfaire ceux qui la veulent jeter bas en se joignant à eux pour travailler à un changement nominal. Ceux qui espèrent par ce moyen tromper des aspirations en leur donnant des apparences de satisfaction, ont assurément une idée plus juste des besoins de l'époque, que ceux qui nient la nécessité de toute concession et qui ne voient de salut que dans une résistance de parti-pris. Mais ils se trompent grossièrement en croyant à la possibilité de constituer un régime gouvernemental, repoussé par les uns pour son nom et les conséquences qu'ils y attachent, non soutenu par les autres, satisfaits du nom, mais irrités de retrouver, sous le couvert de ce nom, ce qu'ils voulaient voir disparaître.

C'est cependant bien là l'esprit qui guide la politique aujourd'hui, où l'on cherche des expédients pour établir une forme de gouvernement, où tous ceux qui se sont établis n'ont été, pour ainsi dire, que le résultat de compromis, d'engagements que chacun des contractants entendait bien ne pas tenir.

Car l'esprit de résistance se trouve en somme le maître dans le parti monarchiste, plus ou moins apparent selon les diverses fractions de ce parti ; la tendance à marcher toujours en avant, — au mouvement perpétuel, pourrions-nous dire sans exagération, — est le signe distinctif de la fraction qui se range sous le drapeau de la république et représente le progrès. Quand une nécessité fait suspendre les entreprises de ce dernier parti, on peut être sûr que ce n'est que pour un temps, et quand la résistance de l'autre semble faiblir, on ne peut douter qu'elle ne reprenne bien vite toute sa vigueur.

En cet état, les rapprochements ne peuvent être de longue durée. Car les concessions faites volontairement semblent ne pas pouvoir s'accommoder avec le caractère français, soit que l'on mette un faux point d'hon-

neur à ne pas céder la moindre parcelle de
ce que l'on regarde comme le meilleur, soit
plutôt que l'on craigne de léser ses intérêts
propres en satisfaisant ceux des autres. Les
uns ne veulent rien abandonner et refusent
même de faire droit à des réclamations justes
au fond et provoquées par l'état même des
choses ; les autres veulent arriver d'un seul
coup au summum de leurs desiderata. Ceux
qui demandent ne veulent pas plus rabattre
de leurs prétentions que ceux à qui on demande ne consentent à donner. Chacun se
retranche derrière ses prétentions qui n'ad-
mettent nul adoucissement ; on s'observe, on
s'épie, prêt à s'arracher par force ce que l'on
n'a pu obtenir, mécontent de part et d'autre,
les uns pour avoir perdu quelque chose, les
autres pour n'avoir pas tout gagné.

Entre ces deux extrêmes se trouve, en vérité, une portion plus accommodante, mais
timide dans ses idées de concessions mutuelles et conservant encore un reste d'antipathie pour une politique que la raison seule
lui fait adopter. Tous y sont modérés ou dans
leurs résistances ou dans leurs exigences,

selon qu'ils sont d'un parti ou de l'autre. Ils s'efforcent de calmer les extrêmes de leur parti ; ils n'y arrivent pas et ils espèrent cependant pouvoir former avec les modérés du parti contraire une majorité gouvernementale réelle. Ils oublient qu'ils sont en somme à la discrétion des violents, qui les conduisent, chacun dans leur parti, parce qu'en réalité ils conservent des regrets de ce qu'ils semblent prêts à sacrifier, soit en concessions, soit en réductions de prétentions. Aussi n'est-ce pas sans plaisir qu'ils suivent parfois l'impulsion des exagérés, opposés à tout compromis, et admettant pour devise : *Tout ou rien.* Désireux de faire des changements, les uns ne consentent qu'avec l'arrière-pensée qu'ils pourront en limiter les conséquences, tandis que les autres veulent bien se contenter de changements moindres que ceux qu'ils demandaient, dans le secret espoir d'en tirer tout le parti possible et de les faire tourner à leur avantage exclusif. Ainsi, parmi ceux qui semblent le plus disposés à céder, dans les deux camps, les uns retiennent d'une main ce qu'ils donnent de l'autre, les autres cherchent

à leur arracher ce à quoi ils ont solennelle-
ment déclaré renoncer.

Aujourd'hui, il est vrai, une portion notable
de la fraction monarchique s'est détachée
pour aller grossir la partie modérée de la fraction républicaine. On serait tenté de croire
qu'il y a dans cette évolution une cause heureuse de solution à la question gouvernementale. Le mal est que, en changeant de drapeau,
ces hommes n'ont rien changé à leur façon
de voir et que, prêts à accepter le mot, ils veulent lui faire représenter un état de choses
bâtard qui, ne les satisfaisant pas, a en outre
l'avantage de mécontenter tout le monde. Ils
acceptent le présent sans renoncer au passé,
tout prêts à y revenir, et ne faisant par leur
attitude que créer une nuance mal définie au
milieu de toutes les couleurs politiques.

Pas plus que tous les autres, ceux-là ne
veulent faire des concessions sans esprit de
retour et ne se sentent disposés à édifier, sur
un terrain aménagé d'une nouvelle manière,
quelque chose de définitif. Ils ne consentent
à donner que sous condition ; aussi n'a-t-on
pas confiance en eux, ni dans le camp qu'ils

ont quitté, ni dans celui qu'ils ont adopté. On n'est dans ce dernier nullement sûr de leur alliance ; car on n'ignore pas qu'ils n'hésiteraient pas, le jour où leurs concessions porteraient leurs fruits, à se retirer brusquement et à faire cause commune avec ceux qui originairement n'en voulaient point faire. On croit qu'ils s'autoriseraient de la confiance que leurs concessions leur auraient attirée pour absorber à leur profit tout l'état de choses créé grâce à leur concours. On devine aisément qu'une fois maîtres, ils se trouveraient, volontairement ou non, par la force de l'habitude, ramenés aux pratiques dont l'esprit de conciliation les avait fait s'écarter un moment et par suite entraînés à rendre à la forme gouvernementale son ancien nom, plus en rapport que le nouveau avec l'esprit des institutions régissant le pays.

Ce changement se ferait d'autant plus aisément que les extrêmes de leur nuance ne manqueraient pas de reprendre rapidement une influence dont, comme nous l'avons dit, les modérés ne se sentiraient pas fâchés. De toutes les concessions faites il ne resterait

bientôt que quelques débris. Logiquement
alors, l'influence passerait aux extrêmes, incapables de la conserver longtemps, les modérés s'alliant aux adversaires pour revenir à
ce qu'ils avaient travaillé à renverser après
avoir travaillé à l'élever. Leur influence s'exer-
çant alors sous un régime nouveau, auquel ils
ne sont que ralliés, doit naturellement passer
graduellement aux mains de ceux qui tiennent
haut le programme politique inhérent à ce
nouveau gouvernement. Fidèles à leur rôle,
ne voulant pas que leurs concessions produisent leurs effets logiques, les modérés de la
monarchie devenus les tièdes de la République
se séparent de celle-ci pour revenir à celle-là.
Et toujours de même jusqu'à ce qu'une volonté
ferme vienne arrêter ce va-et-vient énervant
dont le pays ne pourrait sortir seul qu'avec de
la décision; ce que le confus de sa situation,
et le chaos d'opinions qui s'y agitent, ne lui
permettent pas encore d'avoir pleinement.

C'est bien là le jeu qui se joue en France
au milieu de la chasse à la liberté dont on ne se
trouve jamais si éloigné que quand on la croit
tenir. Car toujours il s'est trouvé que les gens

disposés à en user avec modération se laissaient emporter par les violents et transformaient le soi-disant règne de la liberté en régime de compression, condamné à périr pour avoir menti à ses promesses.

Certes, on doit reconnaître qu'aujourd'hui on comprend mieux qu'autrefois les difficultés de la situation et le danger qu'il y a à vouloir tout pousser à ses dernières limites. Assurément, plus nous allons et plus on prêche la sagesse et la modération; on est instruit par de cruelles expériences des inconvénients qu'il y a à s'en écarter. Mais on n'en est pas arrivé à bien distinguer ce qui est seulement faiblesse de ce qui est modération, et l'on se montre très sensible au reproche, toujours fait par les extrêmes, de se laisser arracher des concessions non pas parce qu'on les croit opportunes, mais parce qu'on n'ose pas les refuser.

Les violents étant plus tapageurs, reculant moins devant les représailles, sont plus craints et par conséquent suivis dès qu'ils semblent remonter au pouvoir. D'ailleurs, avec eux, on doit le dire, on sait toujours où l'on va, tandis qu'avec les modérés on ne sait jamais ou l'on pourra s'arrêter.

Malgré cela, on comprend fort bien que ce n'est pas du côté des extrêmes qu'est le salut et on le répète sur tous les tons, tout en suivant leur impulsion à la première occasion. Cela provient justement de l'inexpérience politique de la nation aggravée par son caractère passionné. On sait où est le remède : on l'a sous la main. Mais on y renonce dès qu'il faut l'employer. On ne sait de quelle manière en user, et on se perd dans les combinaisons sans nombre qui surgissent chaque jour pour la perpétuité de la confusion.

La grande majorité, modérée en somme, est intimement convaincue que rien de stable ne peut être édifié si on ne tient pas compte des tendances du jour et si on ne veut pas se résigner à en admettre pacifiquement les conséquences futures. Elle est également convaincue que tout effort tenté par les extrêmes dans le sens du *progrès* prématuré, les rejettera forcément dans les bras des extrêmes du côté opposé. Mais, par ses idées de conciliation même, elle se trouve presque dans l'im-

possibilité de formuler un réel programme
et de construire autre chose qu'un gouvérne-
ment de transition, si elle ne se trouve pas
maintenue, par une volonté puissamment armée, dans la voie qu'elle s'est tracée. Ainsi
elle n'aboutit, en dépit de ses efforts, qu'à une
constatation d'impuissance.

Car elle n'a pas seulement à lutter contre les
exagérés des deux camps. Elle est encore divisée elle-même sur la question du nom du
gouvernement; et si elle parvient à l'entente
sur ce qui est bon à pratiquer, elle est en pleine
discorde dès qu'arrive le moment de fixer son
choix sur l'étiquette. Quand elle a écarté le nom
de République, sa division n'est pas encore
près de prendre fin, puisqu'elle a encore devant elle trois formes de monarchies : l'une,
basée sur un principe en opposition avec le
droit accordé à la nation de choisir elle-même
son chef; la seconde, issue d'une révolution,
et la consécration de l'incertitude et de l'indécision publiques; la troisième élevée pour
consacrer les conquêtes de 89 et ayant pour
principe le droit populaire dont elle n'est
que l'émanation.

Les fractions du parti monarchique sont elles-mêmes composées d'éléments qui sont en désaccord sur la ligne de conduite à imprimer à la politique, une fois que la direction en serait échue à l'un d'eux. On peut juger par là de la situation compliquée au milieu de laquelle se débat la France, et les trésors de sagesse qu'il lui faudrait pour se tirer seule d'une telle impasse; on conçoit quelle difficulté elle a à distinguer le chemin le plus convenable à ses allures, alors que non seulement elle est embarrassée sur le choix, mais encore sur la manière de s'y mouvoir.

Le rôle caressé par beaucoup de personnes est, depuis bien des années, la conjonction des centres, c'est-à-dire un heureux mélange de la république et de la monarchie, mélange qui ne peut que servir de transition, mais qui ne peut être le fondement d'un ordre de choses définitif. Car il faut que, après un temps plus ou moins long, la doctrine de l'un des deux centres devienne dominante, et qu'un mouvement se fasse du côté soit de la monarchie, soit de la république pratiquées franchement. Une nation ne peut vivre de

compromis, surtout quand ceux qui les ont con-
sentis sont, comme nous l'avons fait observer
quelques pages plus haut, animés du désir
mutuel de confisquer l'influence à leur profit
exclusif.

Les membres des deux centres sont profondément divisés sur la question de gouvernement, sur l'étiquette à y attacher ; et même
étant d'accord sur les institutions et sur les
réformes, s'étant fait sur ce point toutes les
concessions possibles, avec la plus ferme intention de ne les pas retirer, il y aurait toujours un abîme, infranchissable aujourd'hui,
creusé par les divergences de sympathie, par
les considérations personnelles, par les tra-
ditions de famille, par les engagements pris
tacitement par les uns de donner au pays un
roi, par les autres de le mettre en possession
d'une république, en parfaite conformité avec
les tendances démocratiques de la masse.

C'est bien la tendance dominante aujour-
d'hui de donner au pays la voix prépondérante dans les décisions gouvernementales.
On l'exagère même jusqu'à ne vouloir plus
faire du chef du gouvernement qu'une sorte

de fonctionnaire passif, devant subir sans observation les fluctuations incessantes de l'opinion publique. C'est assurément une preuve que la nation entend prendre une part active à l'administration de ses intérêts; mais toute la question est de savoir si elle est réellement en état de les bien servir et si elle ne se laisserait pas emporter bien loin de la mesure. Que ne devient pas le gouvernement quand il est à la merci de toutes les contradictions, de tous les revirements qui se produisent si aisément dans les foules?

Qu'arrive-t-il forcément? C'est qu'après quelques bouleversements légaux, il se trouve un homme plus hardi qui prend les rênes de l'Etat et qui parle en maître, qui dit à la nation : Je veux, et qui est obéi. En France, on ne peut le nier, on n'a nulle répugnance pour des solutions de ce genre, apportées à une situation inextricable et d'où l'on se sent à peu près incapable de se tirer soi-même. Les Français ont, en somme, horreur des situations mal définies ; et l'aversion naturelle qu'elles lui font éprouver ne contribue pas médiocrement à les empêcher d'en sortir seuls.

Aussi, s'ils éprouvent un sentiment de colère contre l'audacieux qui a substitué sa volonté à la leur, ressentent-ils en même temps de la gratitude pour celui qui a osé prendre sur lui de trancher à sa manière un débat sans issue visible. D'ailleurs, si le Français se jette avec plaisir dans la vie politique, s'il parle bien haut de ses droits de citoyen, il se lasse bien vite d'une existence toute d'agitations, qui trouble ses habitudes et nuit à son bien-être en entravant la prospérité générale.

Tant que l'on voudra, il se livrera à des discussions politiques; tant que l'on voudra, et plus qu'il ne faudrait, il fera de la théorie; mais de la pratique il se déclarera bien vite ennuyé.

Les discussions politiques, alimentées et provoquées par les journaux, occupent les esprits d'une façon absorbante, surtout dans les temps où la forme de gouvernement est mal assise et ne semble pas née viable. Beaucoup de personnes s'ingénient à la remplacer, construisent des théories, souvent insoutenables, les exposent avec conviction et cherchent à les propager avec une chaleur d'autant plus grande qu'elles sont moins éclairées ou qu'elles espèrent davantage en tirer profit.

Au milieu de l'esprit de discussion qui anime le pays, il est malaisé d'arriver à une entente. On dit que de la discussion jaillit la lumière, qu'elle est le résultat du choc des idées. C'est très vrai. Mais dans toutes ces discussions politiques auxquelles se livre le gros du public, sans être à même de soutenir ou de réfuter un système, les adversaires s'égarant dans des généralités sont incapables de se comprendre.

Les arguments qu'ils emploient, par suite de leur généralité même, peuvent toujours être retournés contre eux, même par les moins habiles; et il en résulte naturellement que chacun se trouve avoir raison et a les moyens de le prouver. Pour discuter une forme de gouvernement, on se borne généralement à apprécier les agissements de ceux qui l'ont représentée; et comme il y a toujours matière à critiquer quand il s'agit de la conduite d'un gouvernant, selon le point de vue, l'un est partisan de la forme de gouvernement, l'autre en est l'adversaire décidé. L'un

ne voit que les fautes de l'homme, l'autre ne
voit que ce qu'il a fait d'avantageux pour le
pays. Placés sur des terrains tout opposés, il
est fort peu étonnant qu'ils ne se rencontrent
pas et, par suite, qu'ils ne puissent pas se
convaincre réciproquement. Toutes les fois
que l'on identifie un principe politique avec un
homme, on fait fausse route et l'on apprécie
mal ce principe. En effet, c'est à lui que l'on
rapporte les fautes qui ont été commises par
celui qui l'a représenté; on l'en rend respon-
sable quand souvent elles ne sont que le
résultat d'une conduite tout en opposition avec
ce principe. On lui accorde aussi des vertus
qu'il n'a pas, basées sur des événements heureux, dus soit au hasard seul, soit à l'habileté
de l'homme représentant alors le principe en
discussion.

Les discussions politiques s'égarent d'autant plus aisément que chacun y prend part
dans l'intention bien arrêtée de ne pas se
laisser persuader. Ajoutez à cela l'amour de la
contradiction qui anime le Français à un si
haut degré, et vous serez intimement convaincus de l'inanité des efforts tentés par ceux

16.

qui veulent entraîner la foule autrement que
par des promesses de bien-être. Il n'y a pas
qu'en France où les promesses aient plus de
prise sur l'imagination populaire que les discours les plus raisonnables dans le fond comme
dans la forme. Mais notre organisation sociale,
il ne faut pas se le dissimuler, permet autant
qu'il est possible, ou plutôt provoque de stériles
discussions qui accentuent les divisions plus
qu'elles ne les comblent; elle nous met à même
de constater que, s'il est dangereux de ne
maintenir un peuple qu'avec des promesses à
demi réalisées, il n'est pas aisé, si l'on n'a pas
une grande force pour s'appuyer, de recourir
fructueusement à la persuasion.

Dans les discussions à perte de vue auxquelles on se livre, on tombe généralement
d'accord qu'il faut des changements, qu'il faut
des réformes ; chacun propose la sienne sans
s'occuper des difficultés d'exécution. On va
puiser ses arguments jusque dans l'histoire
des temps les plus reculés, sans s'occuper si
les conditions politiques et sociales actuelles
ont quelque analogie avec celles d'autrefois.
On lit quelque part la relation d'un système

politique qui rendit puissant et heureux le peuple qui en usa : on veut l'adapter à la société dont on fait partie.

Les esprits s'agitent parce qu'ils rencontrent à chaque pas quelque chose qui les choque; ils veulent le supprimer et ils se trouvent arrêtés par les complications devant logiquement en découler. Ils veulent patienter dans la crainte d'aller trop vite; mais ils n'en sont pas moins toujours en mouvement pour arriver à la réalisation de leurs devoirs. C'est le propre de la démocratie de vouloir ne rester jamais dans le *statu quo*; car, dans une société de ce genre, chacun ayant une influence, comme il se trouve toujours un très grand nombre de mécontents, des efforts sont constamment faits par ceux qui veulent améliorer leur situation. Une démocratie ne sera jamais conservatrice comme le peut être une aristocratie, où toute l'influence étant aux mains de ceux qui possèdent les richesses, on peut être certain qu'ils n'en useront que pour maintenir une situation tout à leur avantage. Une aristocratie aura plus aisément une ligne de conduite, elle sera soumise à moins de fluctuations qu'une démocratie. Pour donner à une démocratie des allures conservatrices, pour arrêter ses tendances révolutionnaires, il faut des règles très puissamment protégées et dont l'exécution soit impitoyable ; et encore n'obtient-on pas une stabilité de bien longue durée.

Mais s'il y a inconvénient dans la mobilité propre à la démocratie, de cet inconvénient même il sort un avantage pour la société, qui se perfectionne chaque jour en fournissant au plus infime de ses membres la possibilité d'améliorer sa condition. C'est toujours d'en bas que viennent les grandes réformes politiques ; dans une aristocratie, il y a lutte ; dans une démocratie les modifications doivent s'opérer pacifiquement et légalement.

En France on n'a pas à un très-haut degré le respect de la loi et on applaudit assez volontiers à ses violations. Pour qu'une démocratie puisse vivre et prospérer, livrée à elle-même, il faut qu'elle mette la loi avant tout ; et que lorsqu'une loi se trouve en opposition avec une de ses aspirations, elle ne la foule pas aux pieds, mais qu'elle prenne le temps de modifier régulièrement la législation qui

la gêne. Un peuple doit d'autant mieux se
montrer scrupuleux observateur des règles
qui le régissent qu'il n'a personne pour lui
en imposer le respect. Quand il a pris soin
d'élever lui-même une barrière à ses propres
écarts, il faut qu'il ne la tourne jamais s'il
ne veut pas arriver insensiblement à la renverser, emporté par la passion même contre
laquelle l'avait voulu défendre sa raison.

Quand une société démocratique, contenue
jusqu'alors, se trouve tout à coup entièrement
maîtresse d'elle-même, son premier mouvement est de tout transformer, de tout remplacer. Les plans de réforme surgissent de
toutes parts et deviennent par leur abondance
même une cause d'embarras ; dans l'ardeur
de l'innovation, on néglige la loi. Puis quand
on s'aperçoit des conséquences forcées du
peu de respect qu'on lui a témoigné, on devient, dans l'accomplissement des changements, d'une prudence telle qu'on la pourrait
prendre pour de l'attachement à ce que l'on
veut faire disparaître. Ceux qui avaient le
plus vigoureusement réclamé des réformes,
se reconnaissent, une fois au pouvoir, inca-

pables de les accomplir dans le moment et remettent de jour en jour, espérant voir s'aplanir d'eux-mêmes les obstacles dont l'existence leur a été subitement révélée. C'est ainsi que les novateurs les plus avancés en théorie ne réalisent, en fin de compte, qu'une très faible partie de ce qu'ils avaient projeté, et que des circonstances, au-dessus de toute volonté, obligent la démocratie à rester parfois au point dont elle tend à s'éloigner. Elle porte en elle son propre modérateur, qu'elle ne peut souvent employer sans qu'il en résulte une agitation funeste au pays, agitation qui ne saurait se produire, ni surtout avoir les mêmes inconvénients, si elle avait remis à quelqu'un un pouvoir indiscutable pour faire la police chez elle.

Notre organisation démocratique n'a pas besoin d'être démontrée : tout le monde en convient. Mais on se montre plus rebelle quand il en faut admettre les conséquenes au point de vue politique et gouvernemental. Chaque homme pouvant aujourd'hui prétendre aux plus hautes situations, la fortune étant divisée et répartie entre mille mains, l'influence qu'elle donne se trouvant ainsi disséminée, le résultat premier d'un tel état de choses est l'absence de toute classe dirigeante. C'est donc le pays tout entier qui a la parole; aussi un gouvernement n'a-t-il plus à satisfaire une catégorie de personnes ayant des besoins à peu près identiques. La tâche se trouve fortement compliquée ; car il lui faut concilier des besoins souvent en opposition, impérieusement proclamés par des groupes plus ou moins nombreux. Il lui faut céder aux plus importants : c'est le règne du nombre. On se débattrait en vain contre cette vérité. On peut critiquer la loi des majorités qui toujours sont disposées à se conduire comme si elles n'avaient pas à leurs côtés des minorités respectables, dont souvent elles blessent les intérêts et les sympathies sans aucun ménagement. Il est difficile qu'une majorité puissante ne se laisse pas aller à opprimer une minorité infime si elle n'est pas arrêtée par l'interposition d'une influence représentée par un chef d'état, non entièrement désarmé devant les caprices du pays.

C'est incontestablement ce qui a lieu en

France, où cependant on a, aujourd'hui plus qu'autrefois, le sentiment des ménagements à garder vis-à-vis de ceux qui n'ont pas le nombre pour eux, et qui cependant ne sont pas pour cela dénués de droits, qui peut-être, d'ailleurs, sont les plus sages et peuvent rallier un jour assez de leurs adversaires d'autrefois pour devenir, à leur tour, majorité indiscutable.

Les idées de justice sont répandues aujourd'hui; et si souvent on s'en écarte, il n'en reste pas moins vrai que le respect de la liberté d'autrui tend à se développer. Nous sommes loin des agissements d'autrefois en ce qui concerne la sécurité des personnes; les lois sont faites pour les protéger avant tout, tandis qu'au dernier siècle encore, elles étaient surtout faites pour les mettre à la discrétion d'une autorité sans contrôle. Il y a donc bien progrès et grand progrès sous ce rapport. Mais cette tendance à élargir chaque jour la liberté d'action de chacun et à le protéger contre tout ce qui pourrait sembler une ingérence dans sa vie privée n'empêche pas que parfois, en matière politique, de grands

abus ne soient commis. C'est une exagération dangereuse, quoique se comprenant assez bien, que celle qui pousse aujourd'hui
ceux qui se disent les vrais démocrates à ne
voir nulle limite à la liberté qui leur est due,
et à ne pas comprendre qu'ils agissent contrairement à leur principe même, en prétendant l'imposer par la force. Car, toute idée de
force, emportant avec elle une idée de contrainte, est foncièrement en opposition avec
l'idée de liberté, qui ne peut s'accommoder
que d'un cortége pacifique et qui ne peut
vivre qu'à condition qu'elle sera maintenue
dans des limites permettant à chacun d'en
ouir sans incommoder son voisin.

Il est parfois bien difficile, pour ne pas
dire impossible, dans les questions de politique où la passion joue à contre temps un
si grand rôle, de concilier les intérêts de sa
cause avec ceux de l'adversaire, et il est
certes malaisé de trouver la juste mesure où
l'on doit s'arrêter dans son triomphe pour ne
pas en abuser réellement.

La conscience publique s'inclinera devant
une nécessité, elle pardonnera un abus d'au-

torité dans certaines situations anormales,
mais elle s'indignera contre tout abus gratuit.
Elle comprend que des mesures exception-
nellement rigoureuses soient la conséquence
d'une situation fâcheusement compliquée;
elle pardonnera les mesures, mais elle ne pardonnera pas d'avoir provoqué la situation
anormale. Elle se trompe souvent sur les res-
ponsabilités : son indignation peut tomber sur
ceux qui ne la méritent pas. Mais elle n'en
donne pas moins la preuve qu'elle a su se
rendre compte qu'il y a eu faute ou crime
commis, qu'elle a su en apprécier la portée et
en juger les conséquences.

On s'indigne aujourd'hui contre tout gouvernement établi qui frappe un citoyen uniquement parce qu'il le critique, sans que celui-ci ait violé aucune loi. Il est juste de dire
aussi que le droit de critique est entendu
d'une façon tellement large qu'il emporte avec
lui le droit d'injure et d'outrage, et qu'il devient ainsi réellement séditieux.

Sans supporter les attaques grossières, un
gouvernement peut toutefois tolérer l'appréciation de sa conduite dans une large mesure.

C'est un impérieux besoin que celui d'examiner les agissements de ceux qui dirigent le pays

Un gouvernement ne saurait s'y soustraire
longtemps ; il lui faudrait en effet s'appuyer
sur des mesures de rigueur, et par conséquent
s'exposer bien vite à l'animadversion presque
générale, que le droit de suffrage permet à la
nation de manifester légalement.

Car le suffrage universel, cette consécration politique de l'organisation démocratique
de notre société, pour être quelquefois aisé à
conduire, est très souvent aussi rebelle à toute
direction, et devient ainsi ou un appui inébranlable pour les gouvernants ou un véritable verdict de condamnation pour ceux de
leurs actes qui ont déplu au corps électoral.
Que ses décisions ne soient pas toujours jus-
tifiables, que ses jugements soient souvent dé-
fectueux, c'est un péril dont il faut tâcher
d'atténuer les inconvénients. Mais le suffrage
universel est ; on ne peut agir comme s'il n'é-
tait pas. Il a le droit de parler ; il parle. On
ne peut pas agir perpétuellement et absolument contre ses décisions. Avec une telle institution, il n'est pas possible d'employer, pour

gouverner un peuple, les mêmes procédés que ceux qui peuvent réussir au milieu des populations n'ayant pas une action légale sur l'administration de leurs intérêts. Puisque la France peut faire entendre sa volonté, on doit s'attendre à ce que toute institution, conforme surtout aux intérêts d'une portion restreinte de la société, soit attaquée par la foule, que par conséquent il y ait lutte, lutte dans laquelle le nombre doit tôt ou tard triompher.

Notre démocratie, quoique non opposée à l'idée de remettre ses pouvoirs à un homme, n'entendrait pas cependant être tenue dans l'ignorance absolue des motifs qui décident la conduite de son gouvernement. Elle surveille sa façon d'agir, elle scrute ses desseins; et au cas où elle n'aurait pas conservé dans son intégrité le moyen d'imposer sa volonté par les voies légales, où elle se serait réduite à ne pouvoir qu'exprimer une approbation ou une désapprobation toute platonique en apparence, où, par défiance d'elle-même, elle aurait chargé quelqu'un de la diriger, elle ne se laisserait cependant pas sans révolte mener dans des voies tout opposées à ses aspirations.

Aucune forme de gouvernement ne serait à même d'atteindre ce résultat; aussi serait-ce folie que vouloir le tenter. Ce dont le pays sent en somme la nécessité, c'est d'avoir à sa tête une force l'empêchant de marcher ou plutôt de glisser trop vite sur la pente où il est entraîné; mais ce qu'il ne veut pas, c'est être ramené au point qu'il a quitté, pour s'y immobiliser contrairement à tous ses besoins d'activité et de mouvement en avant.

La société actuelle n'est encore qu'à son adolescence; elle n'est pas en possession de toutes ses forces. Mais elle n'est plus à cet âge où elle se laissait vivre et suivait d'instinct ceux qui la guidaient, prenant ses peines avec tristesse, mais sans entrevoir le moyen de les éviter. Elle n'a plus besoin d'être tenue en laisse, mais elle a encore besoin d'être éclairée et contenue.

On est, chez nous, peu porté à admettre les moyens termes. On ne conçoit que deux sortes de gouvernement: ou la liberté sans contrôle, ou la suppression de toute liberté; et on est disposé à regarder comme supprimant entièrement la liberté tout ce qui en vient régu-

lariser la jouissance en limitant ses droits à se
manifester. C'est là encore quelque chose qui
vient compliquer la tâche des gouvernements.

Une des principales causes qui contribuent
à exagérer chez nous cette absence de mesure, c'est l'esprit de parti. Les nombreux
partis politiques qui se partagent l'opinion ren-
ferment grand nombre de gens qui fondent, sur
l'avénement de leur faction, de grandes espérances, qui, par conséquent, font tous leurs
efforts pour la monter au pouvoir, et qui,
dans l'ardeur de la lutte, ne craignent pas de
recourir à des attaques passionnées. Ils co-
lorent les agissements de celui qui détient le
gouvernement avec toute la partialité que peut
donner le désir inassouvi. Toujours ils trouvent sa conduite illogique, et ils s'efforcent
de propager leur opinion dans le pays.

Les foyers d'opposition sont nombreux
chez nous, et ont d'autant plus d'action que,
par caractère, le Français aime à critiquer
ceux qui le dirigent, et croit aisément que
d'autres le conduiront mieux à son gré dans
une voie qui n'est pas encore bien tracée.
Assurément tous ces partis ne sont que la

conséquence de l'état d'hésitation dans lequel nous vivons depuis la révolution de 1789. Les partis, qui ne sont à l'origine que des façons de manifester les diverses opinions du pays, deviennent avec le temps des moyens de gouvernement. On s'appuie sur l'un d'eux pour diriger les autres. Ils sont fortifiés par l'intérêt personnel de ceux qui en font partie; aussi les rivalités sont-elles acharnées entre les représentants de ces diverses fractions de la nation.

L'esprit de parti est certainement une des grandes causes de nos désordres politiques. Et les groupes politiques qui se forment dans le pays dans un but de conciliation finissent par n'apporter qu'un nouvel élément de désordre en venant encore embarrasser le choix populaire. Cet esprit de parti fait presque toujours oublier l'intérêt collectif de la France, et il ne s'efface que devant un très grand péril que le plus souvent il a rendu lui-même plus redoutable en empêchant le pays de se bien préparer à s'en garantir.

Aujourd'hui, tous les partis en présence ont une organisation, tous ont des racines plus ou moins profondes dans le pays ; tous ont occupé le pouvoir dans des temps plus ou moins rapprochés ; tous ont été renversés du pouvoir par la coalition de tous les autres. Il y a donc, outre les questions de préférence théorique et d'ambition personnelle, des animosités, des rancunes et aussi des craintes de représailles qui doublent l'énergie de chacun des adversaires et qui leur soufflent l'irritation et l'acrimonie. Chaque parti a, pour ainsi dire, son gouvernement à côté du gouvernement de la France ; et il la regarde comme faite pour lui seul, comme destinée à lui appartenir, et non pas comme ayant le droit d'exiger de lui un concours empressé à la sauvegarde des intérêts collectifs.

L'esprit de parti a, en somme, quelque chose de mesquin et d'opposé à la loyale exécution des devoirs civiques. Mais quel remède apporter à un mal qui n'est que le résultat d'un état social et politique mal assis et peu en état de se donner lui-même une stabilité réelle. Si l'on avait chez nous un grand respect de l'autorité, si, au milieu de toutes nos agitations elle pouvait se conserver, nous ne dirons pas intacte, puisque ces

agitations mêmes ne proviennent que de sa
violation, mais au moins à l'abri des attaques
passionnées qui la représentent comme un
embarras social, le mal serait loin d'être aussi
grand. Mais le Français ne semble pas s'être
jamais fait une idée bien exacte du principe
d'autorité, abstraction faite de celui qui le
représente. Quand les agisssements de ce
dernier lui déplaisent, il en fait remonter la
responsabilité jusqu'au principe d'autorité
lui-même. Assurément, ceux qui abusent de
l'autorité nuisent, dans tous les pays, à son
principe. Mais, nulle part plus qu'en France,
on n'est disposé à le considérer comme n'existant plus dès que celui qui le représentait
a disparu. Il semble que le principe d'autorité n'existe qu'autant qu'un homme en est
le détenteur et qu'il n'a plus droit au respect dès que quelqu'un ne peut plus dire :
« L'autorité, c'est moi. »

Nous n'avons pas ce profond respect de
l'autorité qui donne tant de force aux Anglais;
nous nous soumettons à elle parce qu'elle est
armée pour se faire obéir, mais nous cherchons tous les moyens de nous soustraire à

17.

son action, et il lui faut être forte, car elle se
soutient plus chez nous par la crainte que par
le prestige. En Angleterre on se courbe aisément devant tout ce qui représente l'autorité,
parce qu'on se fait un devoir de lui obéir ; en
France on se courbe parce qu'on ne peut pas
faire autrement, parce que l'autorité a la force
à sa disposition. On obéit, non par devoir ou
seulement par habitude, mais par contrainte.
Aussi quand le représentant suprême de l'autorité est entouré de puissance, nous mon-
trons-nous plus empressés à reconnaître un
principe, qui, dans une démocratie réellement mûre pour la liberté entière de se gouverner à sa guise, devrait exister sans qu'il
fût nécessaire qu'une personnalité quelconque
vint lui apporter l'appui de son prestige et de
sa volonté propre.

C'est bien incontestablement une habitude
monarchique, ce n'est pas une preuve d'esprit républicain qu'identifier le principe d'autorité avec un homme, alors que dans le gouvernement du pays par le pays, ce principe
doit n'être respecté que pour lui-même, de
manière à toujours être sauvegardé, même

quand le pouvoir exécutif est peu armé pour
faire prévaloir sa volonté, même quand il ne
doit être que le fidèle exécuteur de la volonté
populaire. Car, en cette occasion, si le pays
n'a pas en lui-même le respect du principe
d'autorité, il lui sera loisible de le violer et
ainsi de s'exposer à chaque moment aux plus
préjudiciables désordres. La première condition d'existence d'un pays libre est de mettre
au-dessus de toute discussion cette chose,
impersonnelle de sa nature, qui s'appelle
l'autorité.

Il est vrai que dans un pays aussi divisé
que le nôtre, où les partis tiennent à arriver
à tout prix, le respect de l'autorité n'est pas
facilement conservé, surtout quand dans sa
violation on voit un moyen de parvenir plus
vite à ses fins, où l'on n'atteindrait peut-être
pas d'ailleurs par les voies légales.

Ce qui contribue à perpétuer le gâchis,
c'est que, parmi les partis qui ont occupé
le pouvoir, il s'en trouve qui ne s'appuient
sur aucun principe réel de gouvernement,
qui savent attirer la sympathie populaire par
de vagues promesses, qui ne sauraient con-

stituer un programme politique, quoique
en ayant quelque peu les apparences. Ils
manquent donc de direction et ils errent à
l'aventure une fois les maîtres du pays, qu'ils
égarent de plus en plus, en l'entraînant avec
eux à la recherche d'une voie, dans laquelle
ils le voulaient conduire avant que de bien
savoir si elle leur convenait à eux-mêmes.

Ce n'est pas sur l'idée de conciliation seule,
quelque sage et louable qu'elle soit, qu'il est
possible d'édifier un système gouvernemental, si on ne trouve pas le moyen de le formuler d'une façon précise, qui permette à la
nation d'en bien apprécier l'esprit et par suite
de s'y rallier avec confiance ou de le repousser en connaissance de cause. Mais, ceux-là
même qui prêchent la conciliation et qui
s'en font un moyen de parvenir, évitent plus
qu'ils ne recherchent un programme gouvernemental, dans la crainte de s'aliéner, en le
formulant, une partie de ceux qui, dans l'espérance de les voir bien conduire les affaires
publiques, leur donneraient peut-être leur
sympathie irréfléchie.

Il ne suffit pas, pour amener à soi un pays,

de lui déclarer que l'on tient pour telle et telle forme de gouvernement et qu'on la pratique de manière à ne blesser en rien ceux qui en préféraient une autre. Car ce ne sont là que des mots, que des promesses, pouvant faire préjuger des bonnes intentions de ceux qui se présentent pour diriger l'Etat, mais ne portant en elles rien de réel. C'est dire à la nation : « Elevez-moi au pouvoir; vous serez contents de moi. » — « Mais, dira le peuple, comment entendez-vous nous satisfaire? » — « Vous le verrez quand nous y serons. Nous serons la modération même. » — « C'est fort bien ; mais quelles seront les bases de votre conduite? Avez-vous une ligne tracée d'avance? » — « Nous nous conduirons selon les circonstances et au mieux des intérêts de tous. Nous sommes Français avant tout, et nous oublierons toutes nos rancunes politiques. » — C'est l'incertain, l'incertain et l'irrésolu dans lequel nous nous débattons depuis le commencement du siècle.

C'est qu'il n'est pas aisé de solidement asseoir un principe de gouvernement et d'en tirer les conséquences destinées à tracer la

règle de conduite invariable de ses représentants. On a aisément trouvé le principe actuel : c'est celui de la souveraineté populaire,
dont tout pouvoir n'est que l'émanation, au
lieu de ne relever, comme jadis, que de la divinité. Ce principe est bien nettement dans les
esprits ; mais on a essayé de diverses façons
de l'appliquer. On l'a reconnu, en pratique,
dans une plus ou moins large mesure. Mais
jusqu'ici le pays ne s'est pas trouvé satisfait
des applications qui lui en ont été faites. Il a
voulu et il veut encore le prendre trop à la
lettre : il lui faudra revenir à une tendance
plus modérée et ne pas se laisser trop emporter par une logique plus séduisante que
réalisable.

L'esprit qui perce à travers les événements
politiques contemporains, est empreint de
tendances démagogiques et non pas seulement progressistes. Le peuple se croit en droit
de démolir ce qu'il a élevé et il ne semble
pas pouvoir concevoir la possibilité de faire
des réformes s'il n'a pas au préalable fait
une application radicale de son principe de
souveraineté, qui a besoin d'être défendu

contre l'emploi inconsidéré que l'on en fait à chaque moment. C'est là le côté périlleux de toute démocratie, qui ne peut être évité qu'avec le secours d'un ordre de choses basé sur une formule gouvernementale arrêtée et dont il ne soit pas permis de s'écarter.

Mais pour que cette formule gouvernementale ait quelque chance de résister aux assauts qui lui seront sûrement livrés, quelle qu'elle soit, elle ne doit porter en son essence rien qui semble à la masse contraire à la tendance générale : il faut qu'elle apparaisse comme un moyen d'y donner satisfaction dans une certaine mesure. Une formule gouvernementale qui pourrait, à tort ou à raison au fond, être regardée comme tendant à un but autre que celui du plus grand nombre, n'aurait que de faibles chances de vivre longtemps, quand même elle serait entourée de toute la force nécessaire pour s'imposer.

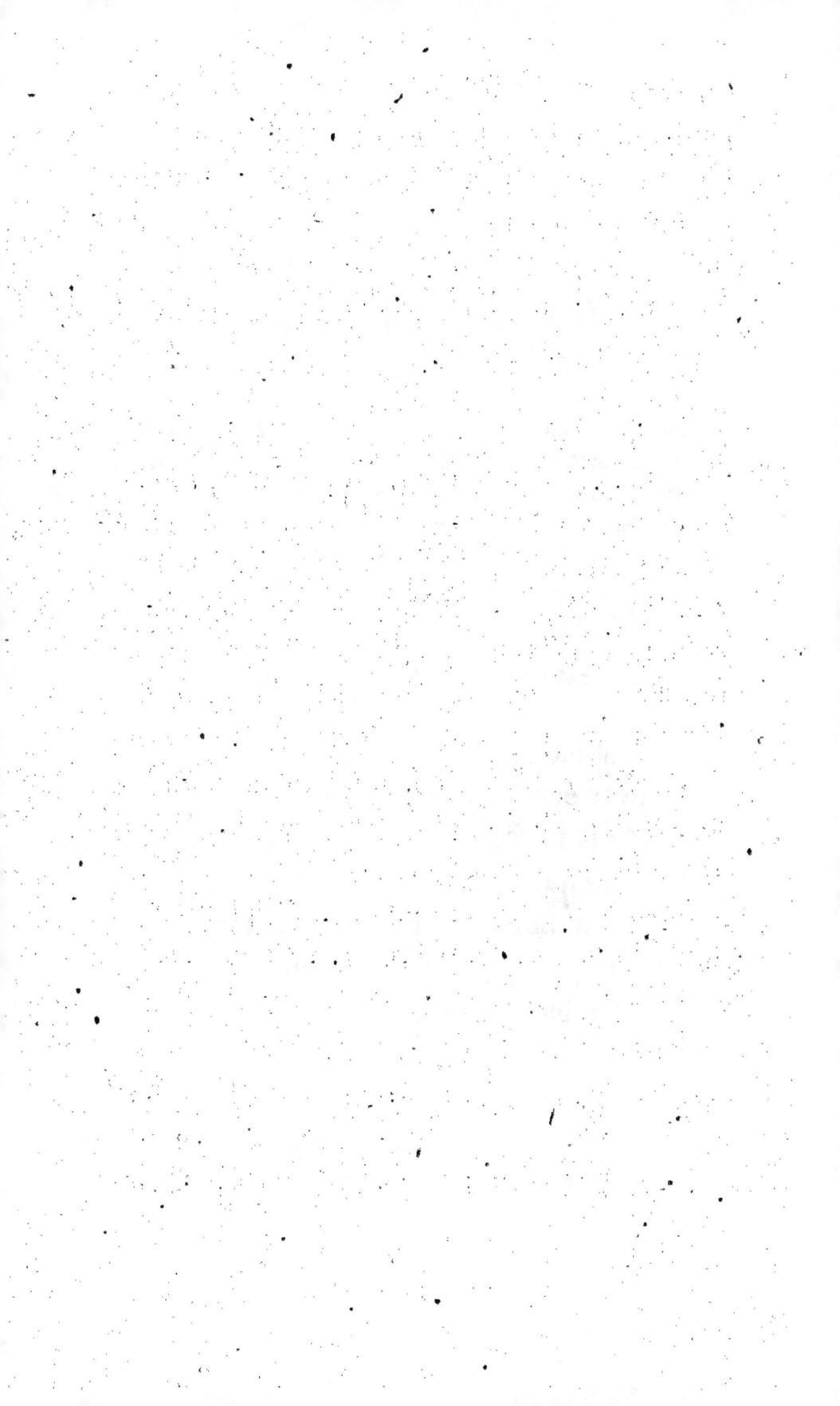

CHAPITRE VIII

Aujourd'hui, Demain

Conclusion des précédents chapitres : — (L'enseignement du patriotisme. — La défense de la loi religieuse. — L'existence du pays et l'armée. — Le régime autoritaire. — Le maintien du suffrage universel. — La diffusion de l'instruction et le clergé. — La vérité sur l'esprit du temps.) — L'avenir. — L'état vers lequel on tend. — Ce que peut être la France. — Les changements politiques probables sur la surface du globe. — N'allons pas plus vite que notre temps. — L'individualisme.

Le caractère d'un peuple rend parfois dangereuses certaines tendances de son esprit et impose la nécessité de le gouverner avec des procédés autres que ceux qui sont employés chez les nations voisines. Aujourd'hui la tendance la plus généralement répandue en Europe est bien empreinte d'idées libérales ; dira-t-on cependant qu'il soit pratiquement possible d'adapter à chaque peuple des institutions identiques. La société qui cède plus facilement à des entraînements, qui est affectée d'une certaine légèreté, a besoin plus qu'une autre d'être maintenue ; mais ce n'est pas à dire pour cela qu'il n'y ait de salut pour elle que dans un perpétuel *statu quo* et qu'il faille la diriger contrairement à ses aspirations. Toutefois quand une société, obéissant à un entraînement irréfléchi, répudie tout à coup ce qu'elle avait respecté jusqu'alors, il ne faut pas croire qu'elle ait rompu définitivement avec son passé. Elle y revient avec autant d'irréflexion, la plupart du temps, qu'elle en avait apporté à s'en éloigner. Et cela d'autant plus sûrement qu'il y a chez elle plus de propension à l'enthousiasme comme aussi de disposition à l'opposition envers tout ce qui est.

La mobilité excessive de l'esprit et la légèreté du caractère français donnent lieu à des revirements très difficiles à prévoir, et qui rendent très compliqué le choix d'une voie gouvernementale avec l'assurance qu'on la suivra sérieusement.

Avec plus de liberté, les défauts du Français apparaissent plus palpables qu'autrefois, sans être pour cela plus nombreux. La tendance de l'esprit à repousser toute contrainte permet au caractère de montrer mieux ses défectuosités, qui jadis étaient atténuées par les idées régnantes.

Le caractère français exige toujours un frein que la tendance du jour est de repousser. Il faut un frein empêchant une marche trop rapide, mais non pas voulant entraver tout mouvement, car il serait brisé bien vite. S'il faut résister aux illusions folles et aux instincts mauvais, il ne faut pas pour cela se renfermer dans une ligne de conduite tendant à faire le bien du pays contrairement à tout ce qu'il désire.

Bien certainement il est du devoir de tout gouvernement de chercher plus à exciter l'enthousiasme patriotique qu'à protéger la diffusion dans la foule d'idées propres à en affaiblir l'énergie. Mais si l'on croit pouvoir lui rendre toute sa vigueur en répétant chaque jour que le pays va finir, on se trompe.

Si le sentiment national n'a plus la même énergie qu'autrefois, s'il a besoin de stimulants, que n'imite-t-on chez nous un voisin qui est notre vainqueur et qui emploie tous les moyens pour tenir en haleine le patrio-

tisme de la nation ; qui fait donner dans les
écoles une instruction et une éducation vraiment nationales, qui fait élever l'enfant dans
l'amour de la patrie. On dira sans doute qu'il
use de ces moyens dans un but contraire au
bonheur de l'humanité. Le moyen et le but
ne sont pas inséparables et on peut recourir
au premier sans rechercher le second.

C'est bien grosse erreur que s'imaginer
pouvoir faire progresser la société humaine
en s'efforçant de lui représenter la possibilité de vivre guidée par l'idée seule de respecter les intérêts individuels. Qu'en réalité on
en tienne grand compte, rien de mieux. Mais
élever cette façon d'agir à la hauteur du principe même de la conduite de chacun, c'est
travailler à la dissolution rapide de n'importe
quelle société.

Pour que le sentiment national ait une
réelle puissance, il faut que l'on sache bien
qu'il ne suffit pas de dire : « Je suis Français et ne veux pas être autre chose », pour
le demeurer. Quand le sentiment national ne
se traduit que par des paroles, il est aussi
inefficace que s'il n'existait pas.

Si la France n'était entourée que de pays ayant abandonné toute idée de domination, elle aurait besoin d'une énergie morale moins grande pour se soutenir; mais il n'en est pas ainsi, et elle le sait bien. Elle voit que le chemin dans lequel la philosophie humanitaire voudrait l'engager n'est pas praticable, quoique rempli d'attraits; et si elle semble s'insurger contre toutes les mesures de précaution nationale qui imposent aux siens quelque contrainte, elle ne peut, au moment du péril, que bénir la prévoyance qui l'a mise à même d'agir conformément à la nécessité. Elle doit reconnaître qu'elle a parfois besoin d'être protégée contre ses propres tendances.

C'est ce qui a lieu pour le mouvement anti-religieux qui finira sûrement par aller beaucoup plus loin que ne le désirent ceux qui le mènent aujourd'hui, et qui tiennent beaucoup plus à détruire l'influence politique et sociale du clergé que l'idée religieuse en elle-même. S'il est difficile, en l'état des esprits, de fortifier la religion en donnant au clergé plus d'influence, il est du moins pos-

sible de conserver à l'idée religieuse sa place
naturelle dans l'éducation ; il est du moins
possible de défendre énergiquement la morale religieuse, de l'entourer d'un respect capable de lui donner une influence sur les
mœurs.

Il est vrai que lorsque la croyance religieuse
s'est affaiblie dans les familles, il est peu de
moyens de lui redonner quelque vigueur.
Mais cependant, en France, où l'exemple
parti de haut a une si grande influence, le
gouvernement *définitif*, qui, sans tomber dans
la dévotion, montrera le respect de la loi religieuse, ne sera pas impuissant à exercer
une salutaire influence sur l'esprit public.
Vouloir réagir d'une manière complète contre
le mouvement anti-clérical serait un moyen
d'aggraver le mal plutôt qu'un moyen d'y porter remède. Ils pensent prudemment, ceux
qui croient qu'il est sage de faire une large
part, en matière politique, religieuse et sociale, aux idées du temps, mais ils pensent
bien témérairement, ceux qui veulent à tout
prix faire table rase, surtout en ce qui touche
les choses de la foi, qui, dans tous les temps

et dans toutes les circonstances, doivent être défendues. On ne peut pas employer toujours les mêmes armes pour les conserver ; mais on ne doit pas oublier qu'il en faut toujours tenir une à la main pour protéger leur principe de vie.

C'est toujours un acte coupable que travailler à jeter le doute dans les esprits ; il n'a déjà que trop de facilité d'y pénétrer, et les conséquences qu'il entraîne n'ont rien qui puisse justifier les efforts tentés pour le répandre, en quelque temps que l'on vive. Toujours sa propagation a été un danger social, quelle que fût la croyance régnante, quelles que fussent les bases de la foi religieuse.

Aujourd'hui que l'on est amoureux de liberté, on ne doit pas oublier que nulle doctrine religieuse n'est, plus que celle du Christ, libérale et égalitaire, et que c'est faire une profonde erreur que la regarder comme un obstacle à la réalisation des idées humanitaires, en ce qu'elles peuvent avoir d'élevé et de réellement conforme à l'intérêt bien entendu de l'homme, mis en parfait accord avec les nécessités sociales.

Si, au sein d'une société, se révèle une
tendance, marquée chez un grand nombre,
à faire prévaloir l'intérêt individuel en toutes
circonstances, il est du devoir de tout gouvernement de prendre les mesures les plus
inflexiblement rigoureuses pour maintenir
dans la soumission aux besoins collectifs ceux
qui veulent s'y soustraire. Il y a aujourd'hui
un mouvement en ce sens; quoiqu'en ayant
indiqué quelques causes, quoiqu'ayant dit
qu'il fallait accepter le mal que l'on ne pouvait supprimer, quoique ne croyant pas à la
possibilité de le faire disparaître entièrement,
cependant nous regardons comme nécessaire
de prendre toutes les mesures possibles pour
que rien ne le vienne augmenter.

C'est toujours un instinct mauvais que celui
qui pousse le membre d'une collectivité à ne
parler jamais de l'intérêt individuel que pour
le proclamer plus respectable que celui de
tous pris en masse. Il y a dans de telles théories de puissants dissolvants contre lesquels
il faut garantir le corps social; ce n'est pas
faire de la réaction que les combattre, ce n'est
que faire œuvre de conservation. Les ques-

tions de politique, les questions de liberté n'ont rien de commun avec un tel sujet.

Toute société, si libre soit-elle, quel que soit le respect dont l'individualité de ses membres y est entouré, est obligée de se défendre contre les empiétements égoïstes, et cela dans l'intérêt même de ceux qui trouvent trop lourds les devoirs qu'elle leur impose.

Quand, pour des causes multiples, les citoyens en sont arrivés à ne plus les vouloir accomplir, il faut qu'une force supérieure à leur volonté les y oblige, ou tout au moins les empêche de courir en aveugles au suicide social.

Si un gouvernement peut être armé de façon à faire respecter les devoirs civiques, il se trouve impuissant vis-à-vis de tout ce qui touche à la vie privée. La foi religieuse seule peut avoir une action réelle pour maintenir l'unité dans la famille. Nous avons vu ce que celle-ci est aujourd'hui, et pour quels motifs elle se trouve en cet état. Si elle a perdu de son caractère d'autrefois, elle n'en est pas détruite pour cela, et n'offre en réalité aucun péril social en la situation actuelle. Mais au point de vue purement moral, l'amoindrisse-

ment de l'esprit de famille est chose fort regrettable, parce qu'il indique l'affaiblissement
de l'esprit de devoir.

Et cet esprit de devoir est bien ce qui fait
les nations fortes. Aussi ne saurait-on trop
l'entourer de stimulants capables de le tenir
toujours en haleine, et par conséquent plus
vigoureux, plus puissant. Qu'on ne laisse jamais oublier que toute société est condamnée,
si elle veut vivre, à s'abriter derrière la force,
et que toutes les aspirations pacifiques ne mo-
difient pas une telle nécessité.

Si ces aspirations deviennent dominantes
chez un peuple, et si ce peuple, maître absolu de se gouverner selon ses tendances, veut
agir en conformité avec elles, il sera fatalement la proie de ceux qui auront pour eux
la force, résidant dans des armées, où l'individualité doit donner tout ce qui est en son
pouvoir, sans attendre aucun avantage de la
collectivité.

Il ne faudrait pas croire, toutefois, qu'un
gouvernement, si fort soit-il, puisse mener un
peuple par l'idée du devoir seul. En ce qui
concerne les choses militaires chez nous, ce

serait folie que désespérer de l'énergie nationale parce que le soldat se montre plus
amoureux du bien-être. Il est de son temps;
et le meilleur moyen de ne lui pas faire prendre
en horreur le devoir qui lui est imposé, c'est
de l'entourer de certains avantages matériels,
superflus peut-être jadis, presque indispensables aujourd'hui.

Seulement il est certain qu'on ne peut le
délivrer de la contrainte qu'impose la discipline et que c'est là ce qui doit être mis à l'a-
bri des attaques avec le plus de soin.

Au milieu des aspirations démagogiques
qui énervent la France, surtout quand elle
manque de direction, les principes militaires
sont fort battus en brèche. Qu'ils soient en
opposition avec la liberté individuelle, c'est
certain; mais comme ils sont faits pour une
société particulière qui ne peut vivre qu'en
les maintenant immuables, et que cette société particulière est l'arme protectrice de la
société en général, quelles que soient les
idées du temps, on ne peut les laisser détruire, ni même affaiblir.

Chez nous, par caractère, on se laisse en-

traîner par des théories séduisantes, sans réfléchir à leurs conséquences.

Aussi y a-t-il grand péril à laisser l'opinion
publique sans contrepoids. Elle pousserait
bien aisément le pays dans les plus graves
périls, tout en croyant fort bien faire.

C'est bien ce qui a lieu quand elle s'enthousiasme pour le désarmement et qu'elle se
figure qu'il serait bon que la France donnât
l'exemple. Jamais la France n'a eu aussi besoin
que depuis quelques années de prendre une
attitude militaire : que ce soit fâcheux, c'est
incontestable. Mais la nécessité doit le faire
oublier.

On peut craindre que le pays cherche à élu-
der cette nécessité qui pour lui devrait être
la loi. C'est alors le devoir du gouvernement
d'user de toute sa puissance pour le ramener
à la respecter. S'il n'est que l'exécuteur passif
de la volonté populaire, il n'aura nulle voie
légale de le faire ; tandis que si sa volonté
propre n'est pas dépourvue de tout moyen
d'action, il lui sera possible de se faire obéir
au cas où il ne pourrait persuader.

Ce ne serait pas un gouvernement despotique que celui qui, à un moment donné, aurait la faculté de réagir contre une tendance irraisonnée et passagère. D'ailleurs, un pouvoir autocratique, réellement autocratique, n'est pas possible en l'état des esprits qui ne veulent nullement abdiquer. Car les idées d'indépendance gagneront de plus en plus et chacun tiendra chaque jour davantage à n'être pas sans influence dans les choses de la politique.

Un gouvernement despotique est celui qui enlève au pays toute voix dans l'administration de ses intérêts ; un gouvernement autoritaire est celui qui, prenant l'avis du pays, est armé pour l'arrêter dans sa marche en avant quand, pour des circonstances peu appréciables de la masse, cette marche offre des périls. N'est-ce pas là ce qui nous est nécessaire maintenant? Le régime autoritaire pratiqué avec modération est ce qui convient le mieux, et à la situation dans laquelle se trouvent les esprits, et à l'état démocratique dans lequel nous vivons. Il n'offre pas que des avantages assurément. Une telle doctrine gouvernementale n'est pas à l'abri des critiques

plus que les autres. Elle est théoriquement
bien moins séduisante que celles qui ne reposent que sur l'entière liberté d'allures accor-
dée à la nation ; mais elle offre, en pratique,
plus de sécurité, plus de possibilité de durée,
de stabilité. Avec un chef d'Etat éclairé, c'est
a forme de gouvernement la plus propre à
donner le calme et la force à la France. Il nous
semble plus aisé de rencontrer un prince
éclairé, que de réunir une assemblée nombreuse pouvant avoir assez de lumières pour
adopter résolument une ligne de conduite
conforme aux aspirations du jour en même
temps que non opposée aux intérêts sociaux.

Quoiqu'il en soit, c'est au pays de choisir.
On doit le mettre en garde contre les illusions ; mais on doit s'incliner devant sa volonté. S'il reconnait, par la force des événements, qu'il s'était abusé sur ses propres
forces, il lui faudra bien adopter l'avis de ceux
qui lui conseillaient une conduite plus pru-
dente. Il sera sans doute fort heureux de revenir un jour à ce qu'on lui représente comme
a cause de tous ses maux ; mais c'est lui qui
a seul le droit de se décider. Quand le jour

sera venu, il prononcera. Incontestablement
sa décision peut n'être pas bien raisonnée : le
suffrage universel n'est point chose parfaite;
bien loin de là. Cependant, comme il est la
conséquence naturelle de notre état social, il
y aurait péril grave à le vouloir faire disparaître, comme le désirent secrètement les vrais
partisans du régime parlementaire. Ceux qui
ne veulent pas le détruire nominalement veulent tout au moins le réduire à l'impuissance,
et arriver à ce que sa voix soit pour ainsi dire
étouffée et ne s'élève plus qu'en faveur de la
partie de la nation satisfaite de son sort.

Il paraît souverainement injuste que l'homme ignorant et grossier ait la même influence
que l'homme éclairé et instruit. Certes, c'est
là une égalité qui produit, en somme, une
réelle injustice. Mais le moyen de peser la
valeur des suffrages? Toutes les limites que
l'on peut mettre à l'attribution du droit de
vote reposent bien difficilement sur quelque
chose d'inattaquable (1). Et, du reste, quand

---

(1) Rétablir le suffrage restreint, c'est manifester l'intention
de priver la plus grande partie de la nation du moyen de faire

un pays a pris l'habitude d'être consulté d'une manière générale sur ses aspirations, il est bien difficile de réduire au silence une partie de ses citoyens, tenant d'autant plus à faire entendre sa voix qu'elle est celle qui a le plus à désirer.

Avec l'instruction répandue, le suffrage universel ne pourra qu'être plus éclairé ; mais si l'on veut qu'il ne devienne pas un instrument dangereux pour la société qui en est pourvue, il faut éviter avec grand soin de laisser pénétrer dans l'enseignement ce que l'on pourrait appeler l'esprit de parti. Car l'instruction

---

légalement connaître ses aspirations ; c'est vouloir enrayer tout progrès dans le sens démocratique. Mais ce ne serait pas tendre au même résultat (le droit de tous à manifester sa volonté par son vote étant admis en principe et sans aucune distinction) que s'efforcer de dégager le suffrage universel de l'élément démagogique qui le vicie. Un domicile d'une durée assez longue devrait être exigé comme condition première de l'inscription sur les listes électorales. On écarterait ainsi du scrutin un grand nombre de gens plus amoureux du désordre que de la prospérité générale, véritables vagabonds, errant de ville en ville, n'y faisant qu'un court séjour, n'ayant nulle part de véritable intérêt, vivant au jour le jour, prêts à vendre leurs suffrages ou à voter en obéissant à l'inspiration dictatoriale d'un comité occulte et cosmopolite.

ainsi donnée est plus un danger qu'autre
chose; et de nos jours, où l'on a mis de la politique surtout là où il n'en faudrait pas, on
semble prendre à tâche de vouloir instruire
la jeunesse, non pour la mettre à même de
raisonner et de s'éclairer, mais pour la passionner dans un parti pris. Pour la soustraire
à l'influence du clergé on prétend la tenir
dans l'ignorance de l'idée de Dieu. Le système d'instruction prôné actuellement est plus
une arme de combat qu'un moyen d'élever
le niveau intellectuel. C'est son vice capital,
auquel il ne faut pas laisser prendre trop
d'influence.

Le courant scientifique se fait sentir dans
l'éducation; c'est logique et c'est un bien. On
fournit aux esprits des aliments qui ne peuvent que leur donner de la vigueur; on ouvre
à chacun des horizons plus vastes. On élargit
ainsi le cercle des personnes capables de raisonnement et d'appréciation. Mais, comme
nous l'avons dit au chapitre traitant de l'influence de la diffusion des sciences, ce bien
peut devenir une source de difficultés, surtout
si l'instruction plus répandue n'est qu'un

prétexte pour faciliter le recrutement d'adeptes à un programme politique quelconque.

La diffusion des lumières a, au point de vue politique et social, des conséquences qu'il faut admettre. Les ministres de la religion ont une influence bien plus puissante sur les peuples ignorants que sur ceux parmi lesquels l'instruction est très répandue.

C'est un fait facile à constater; mais il ne s'ensuit pas qu'il faille s'opposer à toute tentative de répandre parmi la foule des connaissances élémentaires et pratiquement utiles.

D'ailleurs, on s'épuiserait inutilement dans une telle tâche : l'impulsion donnée n'est pas de celles qui ne se peuvent arrêter.

Toutefois, il est impossible d'admettre que, sous prétexte de liberté, on veuille soustraire entièrement la jeunesse à l'action du prêtre; en voulant éviter une exagération, on tombe dans une autre, bien inique et bien périlleuse, à laquelle aucun gouvernement ne saurait se plier. L'influence du clergé est le contre-poids naturel des instincts révolutionnaires. Ceux qui se disent conservateurs de l'ordre social, mais opposés entièrement

à toute influence du clergé, manquent de logique ; car ce sont deux choses qui sont intimement liées, quoiqu'on fasse pour les séparer. On peut s'efforcer d'enlever au clergé
tout moyen de s'immiscer directement dans
la politique, de se mêler à l'administration des affaires temporelles ; mais il faut se
garder d'aller trop loin et de lui nuire trop
dans l'esprit public ; car on perdrait ainsi
un puissant auxiliaire pour assurer la stabilité des gouvernements, que le plus grand
nombre a tout intérêt à obtenir et demande
ardemment.

Ainsi donc, il nous semble résulter de l'examen des tendances de l'époque, qu'il est difficile à la nation de se tirer d'embarras par
sa propre énergie.

Il est trop malaisé, pour les diverses fractions qui la divisent, de parvenir à une entente de quelque durée, si elles ne sont maintenues et protégées contre leurs mutuelles
réactions. Si l'opinion publique est tout à fait
maîtresse, elle ira alternativement de l'une à
l'autre, sans pouvoir se satisfaire jamais, et il
lui faudra, en fin de compte, en revenir à ce

dont elle croyait pouvoir se passer : à une
direction.

Mais de ce qu'une direction semble nécessaire, il ne s'ensuit pas que le pays soit en
décadence et qu'il n'ait pas de très puissants
et très réels éléments de vitalité. Il a des
tendances qui ont besoin d'être maintenues
et qu'il semble incapable de modérer de sa
propre initiative.

Il a de plus en plus le désir de faire écouter
sa volonté de ses gouvernants ; ce n'est pas
une preuve de décrépitude. Il est vrai qu'il
recourt, pour faire prévaloir ses désirs, à des
moyens qui lui procurent plus de désavantage que de profit. Il se trompe souvent sur
ce qui lui est funeste comme sur ce qui lui
est indispensable. Ce n'est pas d'aujourd'hui
que cela lui arrive ; et il vit encore, sorti victorieux de crises qui semblaient devoir être
mortelles.

Si l'on veut juger sans parti pris l'esprit de
notre siècle, si l'on veut se placer au-dessus
de toutes les influences qui trompent si souvent une génération sur son propre compte,
si l'on consent à faire taire toute question de

personne et de coterie, on reconnaîtra que dans les tendances du jour il n'y a pas que du mauvais.

On s'efforce de faire prévaloir les idées de droit et de justice, de rendre aussi complètes que possible la sécurité et la liberté de la vie humaine. La tendance est au fond très respectable, très-humanitaire, nous voulons dire conforme aux besoins de bien-être de l'espèce humaine. Qu'en pratique elle offre de sérieux dangers, qu'il soit même nécessaire de la combattre parfois, nous avons été le premier à le déclarer au cours de ce livre.

Mais il ne faut pas, parce que des inconvénients résultent de l'état actuel des esprits, proclamer qu'ils sont atteints d'un mal irréparable, qu'ils sont gangrenés sans espoir de guérison, que leur préoccupation dominante aujourd'hui n'a rien en elle de moral ni d'élevé, qu'elle n'est qu'une manifestation d'un égoïsme étroit. Car, si l'on est plus disposé à satisfaire ses besoins propres, on est plus scrupuleux quand il s'agit de contrarier ceux des autres. Si l'on pratique moins la charité chrétienne par foi religieuse, on ne laisse pas

de compatir plus aisément que jadis aux souffrances de ceux que l'on ne regarde plus
comme d'une autre essence que soi-même.

On ne peut nier que ce ne soit une généreuse tendance que celle qui pousse les
hommes d'aujourd'hui à rechercher par tous
les moyens l'amélioration de la condition des
classes inférieures. Que, sous prétexte de travailler à cette amélioration, il se rencontre
bien des gens songeant surtout à travailler
pour leurs intérêts propres; que ceux dont on
veut rendre le bien-être plus grand ne se
montrent pas reconnaissants des avantages
qu'on cherche à leur procurer; que les résultats de la diffusion du bien-être ne soient pas
aussi satisfaisants au point de vue social qu'on
le voulait espérer; qu'il n'élève pas le niveau
moral, qu'il affaiblisse certaines qualités, il
faut le reconnaître.

Mais s'ensuit-il qu'on ne puisse trouver une
idée profondément morale dans les réclamations de la philosophie en faveur de l'égalité
des hommes? Est-ce parce que cette égalité
est irréalisable intégralement, est-ce parce
qu'elle est un mot dangereux parfois, qui prête

aux interprétations passionnées, qu'il faut déclarer perdu le peuple qui en est imbu?

Chaque âge d'une nation a ses aspirations devant lesquelles il faut s'incliner. Seulement on doit prendre soin que les conséquences pratiques de ces aspirations mêmes n'offrent pas trop de périls. On doit en modérer le développement, surtout quand on a autour de soi des nations non encore arrivées au même point, quand dans les résultats des tendances du jour il y a quelque chose capable d'affaiblir la société dont on fait partie, et quand on prétend, comme aujourd'hui, ne se défendre que par son bon droit contre des associations pourvues de toutes les ressources de la force brutale organisée.

Si le présent n'est pas beau, est-ce donc une raison suffisante pour désespérer de l'avenir ou pour ne l'entrevoir que gros de sinistres événements? La vérité sur l'esprit de notre temps, c'est que, comme dans celui de toutes les époques, il y a au moins autant à déplorer qu'à louer. Il y a donc matière et à concevoir des inquiétudes et à espérer une heureuse issue de toutes les crises que traverse notre pays depuis qu'il a adopté l'*esprit moderne*.

Notre avenir n'est pas assurément dépourvu de toute ombre. Pas plus que le passé, il ne sera exempt de tribulations plus ou moins fréquentes, plus ou moins sérieuses. Mais un temps viendra, qui n'est pas très éloigné, où la France recouvrera son calme, avec une chance de durée plus ou moins longue, selon qu'elle sera plus habilement dirigée, et que ceux qui seront à sa tête auront plus ou moins la force et l'adresse de modérer ses exagérations, de la protéger contre ses propres revirements.

C'est toujours mentir que promettre à un peuple un bonheur sans revers. Aucune forme de gouvernement ne nous le donnera jamais; quelqu'éclairé qu'il soit, quelqu'amour du bien public qui guide sa conduite, il ne sera jamais en son pouvoir de nous soustraire entièrement à des éventualités au-dessus de ses prévisions et contraires à toutes ses intentions. Il ne faut pas rechercher le parfait, mais seulement le possible. Nul gouvernement ne traînera à sa suite le désintéressement; nul gou-

vernement ne pourra faire que les mobiles qui
guident notre pauvre humanité ne soient pas
entachés d'égoïsme. Que ceux qui, de bonne
foi et sans arrière-pensée, vouent un culte à
une forme gouvernementale s'attendent à des
déceptions, s'ils s'imaginent que le régime de
leur rêve doit apporter un remède à tous nos
maux. Quel que soit le gouvernement, qu'il
adoucisse les plus pénibles, qu'il nous en
évite de nouveaux; c'est encore plus qu'il
n'est possible d'espérer raisonnablement.

C'est la vie de l'homme de rechercher toujours le bonheur entier et de ne l'atteindre
jamais; il en est de même pour les peuples
qui ne goûtent jamais bien longtemps une
prospérité sans nuages et qui sont d'autant
plus exposés aux orages que la sérénité de
leur existence les abuse davantage et les empêche même de croire à l'explosion possible
de tempêtes, apparentes dans un lointain tel
qu'elles semblent ne devoir jamais se rapprocher. Les difficultés qui troublent la vie d'une
nation ne sont pas toujours de même nature;
elles varient un peu selon le temps. Il en est
cependant, et des plus sérieuses, qui sont de

toutes les époques, comme la guerre, et qui sont pour ainsi dire inhérentes à la nature de l'homme. Car l'on doit reconnaître la profondeur d'un mot prêté à lord Palmerston : « L'homme est un animal qui se querelle et qui se bat. » La nature humaine ne changera pas ; elle peut modifier les procédés de combat ; elle peut dominer plus ou moins la force brutale par l'esprit, employer surtout ce dernier pour régler d'une façon plus judicieuse l'usage de la première. Mais là se doivent arrêter ses efforts de réaction contre sa propre nature.

Assurément, la période *toute intellectuelle* dans laquelle nous sommes entrés, n'est pas marquée par le respect de la force brutale, et c'est justice. Assurément on se fera plus que par le passé scrupule d'y recourir ; mais cependant quand les passions parleront, quand la lutte par l'esprit n'aura pas donné satisfaction aux adversaires, croit-on qu'ils renonceront à leurs prétentions réciproques ? Que si leur différend est soumis à une sorte de tribunal international, suffira-t-il de la force morale de la justice pour faire respecter la décision rendue au nom du droit. Sur quels

principes l'établirait-on ce droit? Où trouver des fondements assez solides en même'
temps qu'assez indiscutables pour obliger les
hommes à s'incliner devant lui? Vienne ce
bienheureux jour de la perfection humaine!
Mais il est permis de n'y pas croire.

L'esprit, prenant toutefois une place de plus
en plus prépondérante dans la vie humaine,
saura mieux qu'autrefois résoudre par sa seule
puissance des difficultés dont la nature sera
forcément influencée par la sorte de discrédit dans lequel seront tombés la force et ses
moyens de solution. Car nous marchons à
grands pas vers un état où la vie intellectuelle
sera considérée comme la première condition
d'existence de l'humanité. Jadis il fallait avant
tout agir; bientôt il sera nécessaire de raisonner avant tout. L'esprit fournira au corps les
moyens de s'exempter pour ainsi dire de tout
labeur; la science donnera à l'industrie mille
moyens de remplacer le travail des hommes
par le travail mécanique dans une mesure qui
échappe à notre appréciation. Les besoins
de la vie matérielle seront de plus en plus
largement assurés : le corps sera abondam-

ment pourvu de tout ce qui exigeait jadis un travail manuel, empêchant ainsi les efforts de l'homme de se tourner tous du côté de son esprit. Chacun pourra alors, sans en être distrait, cultiver son intelligence tout à son aise, l'appliquer à la solution des mille problèmes qui se présenteront à chaque moment.

Chacun se préoccupera de plus en plus des questions difficiles de la politique et de l'état social; chacun pourra se dire *bourgeois*, si pour être bourgeois il suffit de s'abstenir de tout travail manuel. Et cependant ce *bourgeoisisme* général, qui est l'ambition du peuple d'aujourd'hui, n'aura sans doute pas la puissance de satisfaire tout le monde et de mettre la société à l'abri de tous les périls. La vie peu intellectuelle que mènent tant de gens dans notre société actuelle, les fatigues qu'il leur faut imposer à leur corps pourraient bien être plus tard un objet de regret pour les générations futures qui se diront comme nous le faisons déjà aujourd'hui : « Où est « donc le temps où l'homme vivait tranquille, « sans tourmenter son esprit de la recherche « de l'inconnu? Où est donc le temps où il

« laissait à un petit nombre les travaux in-
« tellectuels, plus pénibles souvent que les
« fatigues corporelles? »

On jettera un regard d'envie vers notre présent qui, quoique pourvu de toutes les amé-
liorations que nous cherchons maintenant à
apporter à notre sort, sera le passé d'alors.
Car, assurément, il est possible d'apporter
des modifications heureuses à notre condition,
si favorable soit-elle en réalité, comparée à
ce qu'était au siècle dernier l'existence misé-
rable de la plus grande partie de la nation.

Quelque chimériques que puissent sembler
nos idées sur l'avenir, on ne peut nier que
l'état où l'on s'efforce généralement d'arriver
ne soit un état où l'on pourrait donner à l'esprit la plus large part. Certainement, si toutes
les nations étaient animées de la même tendance que la France et à un égal degré, nous
aurions un grand rôle à jouer, un grande influence à exercer immédiatement sur l'humanité. Mais notre pays a toujours le tort
d'être trop avancé sur ses voisins et de croire
qu'il lui sera possible de les entraîner à sa
suite, alors que, pour des causes diverses, ils

sont' sur le point de suivre une ligne tout opposée, momentanément tout au moins.

Toutefois, l'influence que la France ne peut avoir aujourd'hui se fera sentir dans un avenir sans doute assez éloigné, quoique non en dehors de toute prévision. Nation douée dans une large mesure des dons de l'esprit, prompte aux conceptions neuves et hardies, elle peut être à la tête du mouvement intellectuel qui entraînera le vieux monde. Elle pourra briller ainsi comme elle brilla jadis par l'éclat de ses armes. Elle pourra répandre les idées adoptées chez elle par des moyens pacifiques, doués de plus d'action qu'aujourd'hui sur les esprits de l'époque, peu portés à demander à leur corps l'appui nécessaire pour faire triompher leurs propres sentiments.

La France a encore une brillante carrière à parcourir, en dépit des sinistres pronostics que l'on répand, en dépit de ses aspirations qui semblent si pernicieuses, en dépit de ses erreurs même. Mais qu'elle s'attende à de grandes épreuves, qu'elle ne se réveille pas dans l'espérance exagérée après s'être assoupie dans le découragement.

Les difficultés intérieures ne sont pas le seul péril du temps. Il en est de menaçantes à l'extérieur. Car, si nous cherchons depuis longtemps un état politique définitif, on peut dire que l'Europe est à la veille de grands bouleversements, que la situation présente rend inévitables. Notre continent n'a pas encore retrouvé son assiette. Il s'y trouve des nations prêtes à grandir, d'autres qui, à leur apogée depuis quelque temps déjà, ne feront que décroître. Et, parmi celles-là, nous croyons pouvoir citer l'Angleterre, pour qui le jour de la décadence réelle sonnera plus vite qu'on ne veut bien le croire. Elle sera la Carthage moderne, puissante par ses richesses et son commerce, faible par l'exiguité des forces militaires qu'elle pourrait, au moment du péril, charger de la défense de colonies qui font toute sa puissance. L'Angleterre a su grandir en utilisant des alliances continentales. Le jour où l'impossibilité d'en trouver sera arrivé, sa chute sera imminente.

Ses colonies, plus commerciales que militaires, deviendront aisément la proie de ceux qui auront à leur disposition plus de forces que

de richesses. Puissante sur mer, l'Angleterre ne serait pas, en somme, en état de
faire pencher la balance de son côté avec
ses seules ressources maritimes; d'autant
mieux que toutes les nations, qui ont toujours
supporté avec peine l'écrasante suprématie
de sa flotte, se ligueraient contre elle pour
l'anéantir.

L'état de l'empire britannique, quoique
encore florissant, n'offre plus les mêmes ga-
ranties de force que jadis. Les colonies qui se
sont détachées de la métropole et qui ont
formé en Amérique les Etats-Unis tendent à
lui disputer l'empire commercial, et grandissant toujours dans d'énormes proportions lui
créeront bientôt une terrible rivalité.

Il y a pour l'Angleterre beaucoup de causes
d'affaiblissement, et il est difficile de trouver
un moyen de les empêcher de produire leur
effet. Bien des fois déjà on a prophétisé la
ruine du puissant édifice élevé par la race
anglo-saxonne; chaque jour apporte quelque
nouvel argument en faveur de cette opinion,
qui n'a jamais été aussi vraisemblable qu'aujourd'hui.

Le rôle prépondérant joué par l'Angleterre dans les affaires de tout l'univers fait de l'abaissement de cette nation un événement gros de conséquences de tout genre. A qui passera son influence en Europe? Qui héritera de tout ou partie de sa puissance commerciale? A qui l'empire des mers?

Voilà certes de grosses questions, qui ne manqueront pas de passionner les diverses nations le jour où elles seront posées. Mais on n'en est pas encore là; heureusement pour nous. Ce n'est pas trop s'aventurer que penser que les Etats-Unis et la Russie sont les deux nations à qui profiterait le plus spécialement la dislocation de l'empire britannique. A côté des parts qui leur reviendront forcément, il restera encore des parcelles de puissance et de richesse à recueillir; il y aura à ce sujet des luttes forcées, quoi que l'on fasse pour les éviter.

Des nations indépendantes se formeront en Australie avec les débris coloniaux de la puissance détruite, nations auxquelles leur position, la richesse de leur sol donneront une influence dans le concert des peuples et dont

l'apparition pourrait bien modifier profondément la politique européenne.

Nous ne voulons pas examiner toutes
les transformations qui peuvent s'opérer sur
notre globe parmi les agglomérations qui en
couvrent la surface. Nous avons voulu seulement, en levant un des coins du voile qui
cache l'avenir, montrer clairement qu'il ne
sera pas exempt de difficultés et que si la
France veut rester puissante, il faut qu'elle
compte avec l'imprévu et qu'elle se tienne
toujours prête à parer aux éventualités.

Ce qui n'est pas de l'imprévu pour elle,
c'est le danger qui, à ses portes, menace son
intégrité. C'est contre celui-là qu'il lui faut
se prémunir d'abord, d'autant mieux que
l'effort qu'elle fera dans ce but la mettra à
même de faire face à des complications qui
peuvent surgir d'un autre côté, par suite
d'événements impossibles à pressentir.

Qu'elle ne compte par sur des alliances
pour la secourir ; ceux même qui lui portent
intérêt et qui tiennent à ce qu'elle soit forte,
peuvent être empêchés de lui porter secours. Il se peut faire aussi que ceux sur qui

elle compte un jour disparaissent le lendemain, que les nations amies soient, avant
qu'on ne l'attaque, démembrées et divisées
entre des voisins plus forts. Que l'on mette
les choses au pis si l'on ne veut pas être pris
au dépourvu et que l'on ne compte que sur
ses propres forces pour faire respecter efficacement ses droits.

Ayons confiance dans l'étoile de la France;
car dans l'espérance nous puiserons une énergie plus grande pour accomplir notre tâche de
citoyens. Que les idées d'humanité se pro-
pagent chez nous, que les idées de justice y
prennent de plus en plus d'empire, qu'au nom
de patriotisme on cesse de courir à d'atroces
boucheries humaines, qu'on sacrifie plus au
repos de la société qu'à une vaine gloire,
mais que pour cela on n'oublie pas les mesures de sécurité dictées par les circonstances.

Nous l'avons déjà dit : il faut être de son
temps. C'est folie que vouloir toujours réagir
contre le courant des idées. Mais c'est folie
aussi pour un peuple que se laisser emporter
par ses propres aspirations, sans s'inquiéter
s'il navigue de concert avec les nations qui

l'environnent et si, sous prétexte d'éclairer les autres, il ne s'expose pas à s'égarer lui-même après avoir rejeté, pour courir plus vite, tout l'attirail de défense nécessaire à sa vie, tel qu'il la concevait naguère.

Soyons de notre temps : ne haïssons plus un homme uniquement parce qu'il n'est pas Français, blâmons l'emploi de la force brutale, blâmons les conquêtes, respectons la volonté des autres comme nous tenons à ce que l'on respecte la nôtre, ne faisons violence à personne, mais ne croyons pas que nous soyons protégés contre celle des autres pour avoir déclaré que nous ne la voulions pratiquer envers qui que ce soit.

Faisons-nous les propagateurs de toutes les idées qui nous semblent destinées à améliorer les conditions de la vie humaine ; efforçons-nous d'être utiles même à ceux qui ne sont pas de notre nationalité. Mais sachons bien que nous sommes en avance sur notre temps si nous croyons qu'il y a un autre moyen de la faire respecter que l'emploi de la force, dans ce qu'elle a de plus brutal et de plus cruel.

N'allons pas plus vite que notre temps! Ne demandons pas à rompre complètement avec le passé sans avoir solidement assuré l'avenir. Soyons amis du droit, mais ne dédaignons pas la force si nous voulons le faire prévaloir!

En résumé, la tendance actuelle est de faire passer l'intérêt individuel, et par conséquent les nécessités de bien-être matériel, avant l'intérêt de toutes les collectivités conventionnelles, de l'état, de la famille.

Le mouvement en faveur de l'individualisme, commencé au seizième siècle par la Réforme, n'a fait que s'accentuer. Actuellement l'idée de droit entraîne avec elle le devoir de donner à l'individu tout ce qui lui peut être utile, de chercher tous les moyens de lui éviter quelque diminution de liberté. Agir selon la justice, c'est, de nos jours, tout organiser pour la plus grande satisfaction de l'individu; la famille, la société, l'Etat sont faits pour lui donner des droits, tout en lui imposant le moins de devoirs possible. Le droit de l'individu est mis au-dessus du devoir social, tellement que l'on pourrait craindre, aujourd'hui plus qu'au temps de Luther et de Calvin, que le droit social pût être comme anéanti, par suite de l'exagération d'une tendance périlleuse autant que séduisante.

Un trône ayant été dressé à la raison individuelle, celle-ci s'est bien vite trouvée favorable à l'individu et ennemie de tout ce qui lui était et lui est encore imposé au nom d'une collectivité, dont l'intérêt naturel exige que chacun sacrifie une partie du sien propre aux exigences des autres membres de sa société. Vouloir, pour faire une société forte, la constituer de telle sorte que, comme pour la société de Jésus, il soit possible de dire de l'individu en faisant partie : *Qu'il n'est rien, qu'il remplit des devoirs sans acquérir des droits, que la société est tout*, c'est bien là une utopie. Mais que l'on se défie de l'entraînement, même de la raison, et que l'on prenne garde, en voulant, au nom de la justice, protéger avant tout le droit de chacun, de compromettre celui de tous.

TABLE DES MATIÈRES

DIJON, IMP. DARANTIERE, HÔTEL DU PARC.

www.ingramcontent.com/pod-product-compliance
Lightning Source LLC
Chambersburg PA
CBHW050452270326
41927CB00009B/1709